VORWORT

Zwölf Jahre lang war Hawaii meine Heimat. Doch in der Jachenau habe ich mein Paradies gefunden. Der Isarwinkel ist für mich das Hawaii des Bike-Sports. Smaragdgrüne Bergseen, Wasserfälle, einsame Flussläufe, dunkle Nadelwälder, wildromantische Berge. Schöner kann die Kulisse nicht sein, wenn ich hier über die Trails rolle. Zugegeben: Ich bin „a Zuagroasta" – wie man Zugereiste hier nennt. Mein Freund Dominik dagegen kommt aus dem Isarwinkel. Er ist „a Do-iga" – einer von da beziehungsweise hier (die bayerische Sprache hat so ihre Tücken). Er ist Krankenpfleger, seine Medizin ist Biken. Zudem schraubt und testet er als Raddoktor für die Zeitschrift BIKE und führt Transalptouren. Sowohl den Alpenraum als auch seine eigene Bergheimat hat er mit dem Bike entdeckt. Die veröffentlichten Touren sind für uns beide die Wegadern der Region – „der schönste Fleck Erde", wie Dominik zu sagen pflegt. Viele dieser Tracks sind noch unveröffentlicht. Einige Trails sind unbekannt und versteckt. Daher empfehlen wir trotz Roadbooks ein GPS-Gerät. Doch die Technik hat auch ihre Grenzen – hier ist der gesunde Biker-Verstand gefragt. Die Natur im Isarwinkel ist unvergleichlich. Sie liegt uns sehr am Herzen, deswegen propagieren wir die autofreie Anfahrt: Lenggries, Bad Tölz, Benediktbeuern, Kochel und Eschenlohe sind von München aus leicht mit der Bahn zu erreichen. 14 Jahre nenne ich nun den Isarwinkel meine Heimat. Wie Dominik trete ich jeden Tag aus der Haustür heraus und stehe im Biker-Paradies. Es gibt nichts Schöneres, als dieses mit Gleichgesinnten zu teilen.

Übersichtskarte

Gebietsinfos und Tipps

Das Tourengebiet erstreckt sich zwischen dem Isartal im Osten und der Loisach im Westen. Die Hochgebirgsketten Karwendel und Wetterstein begrenzen es majestätisch im Süden. Da, wo die Kocheler Berge ins Flachland ausrollen, endet es. Dazwischen liegt das Biker-Paradies pur.

Die bayerischen Voralpen bilden den Hauptanteil der Deutschen Alpen und gehören – mit der ausgeprägten Heimatliebe der Einheimischen – zur Bayerischen Seele. Malte Roeper schreibt im Buch *Bayerische Voralpen* diesbezüglich: „Wenn eine Rockband wie die Banana Fishbones aus Bad Tölz vom ‚Bavarian Superland' singt, wird klar, dass das nicht nur für die Alten gilt." Die Voralpen sind auch ein Wasserparadies: der unvergleichliche Walchensee, der unberechenbare Kochelsee, die vielen Wasserfälle und einsamen Gumpen, die verträumten Hochmooraugen und die Wildflüsse mit ihren Schotterbetten. An der oberen Isar zwischen Wallgau und Lenggries hat sich eine Wildflusslandschaft erhalten, wie sie es in den Alpen sonst nur noch am Tiroler Lech und am italienschen Tagliamento gibt. Das Flussbett, aber auch die Trails entlang der Isar sind den Naturgewalten ausgesetzt und ständig im Wandel. Gerade bei Flussüberquerungen sollte das berücksichtigt werden. Hinweis: Die meisten dieser Touren sind Rundtouren, wobei das Naturerlebnis und die Suche nach neuen Trails für uns an erster Stelle stand.

ALLGEMEINE INFOS UND TIPPS

» **REISEZEIT** Die Voralpenregion ist bekannt als Schneeloch. Auf den schattigen Wegen ab 1000 Meter Höhe liegt das weiße Kleid bis Mai. Wintereinbruch ist in der Regel ab November. Im Winter kann man auf dem Isar-Radweg zwischen Bad Tölz und Leger fahren (Blomberg wird auch geräumt).

» **WETTER** Das Alpenvorland ist begünstigt oder bestraft, je nach Sichtweise des Betrachters, vom Föhn. Wenn überall sonst verregnetes Wetter herrscht, sorgt dieser Fallwind für einen blitzblauen Himmel und warme Temperaturen. Doch beim gefürchteten Alpennordstau (Nordströmung bei einem ortsfestem Hoch über Westeuropa) gilt das Gegenteil: Dann kann es tagelang ergiebig regnen. Gewitter treten bei labilen Lagen im Alpenvorland häufiger und heftiger auf. Dafür ist die Region im Herbst mit stabilen Hochdruckgebieten gesegnet. Hochtäler wie die Jachenau und ihre Berge ragen dann aus dem trüben Nebel heraus und baden in strahlendem Sonnenschein.

» **KARTEN** 1. Alpenvereinskarten, 2. Karten des Landesvermessungsamtes und 3. Kompasskarten.

» **TRAGETIPP** Bachüberquerungen, Gipfeler-oberungen, Felsübergänge – Tragepassagen gehören zum Mountainbike-Abenteuer dazu. So macht's der Profi:

In die Hocke gehen, das Bike an Federgabelrohr und Kurbelarm (zeigt nach vorn und unten) packen und über den Kopf auf Schultern und Nacken heben. Dann aufstehen. Wer einen Rucksack trägt, kann das Unterrohr des Bikes so auf der Polsterung ablegen, dass sich Gewicht und Druck gut verteilen.

Tourenübersicht

Das Tourengebiet ist in drei Teile aufgeteilt, und die Auswahl der Touren reicht von einfach bis hin zu anspruchsvoll und ausgefallen. Die Bewertung der Schwierigkeit einer Tour ist relativ zu den anderen Strecken dieses Buches zu verstehen. Die GPS-Dateien aller Touren im GPX-Format stehen auf der Website **www.bike-magazin.de** mit dem **Code #10247** zum Download bereit.

Gebiet 1: Isarwinkel/Jachenau/Walchensee

Nr.	Tour	Strecke	Fahrzeit	Fahrtechnik	Kondition	Fahrspaß	Landschaft
01	Kleinkanada-Abenteuer-Tour	50,9 km/1.006 hm	5:05 h	▲▲▲▲▲△	▲▲▲▲△△	▲▲▲▲▲△	▲▲▲▲▲▲
02	Glaswand-Benewand-Tour (bike & hike)	19,2 km/729 hm	1:55 h	▲▲▲▲△△	▲▲▲△△△	▲▲▲▲△△	▲▲▲△△△
03	Um das Hirschhörnl zum Jochberg (bike & hike)	19,6 km/712 hm	1:58 h	▲▲▲▲▲▲	▲▲▲△△△	▲▲▲▲▲△	▲▲▲▲△△
04	Blauer Reiter auf der Staffel-Alm (bike & hike)	29,7 km/722 hm	2:58 h	▲▲▲▲▲▲	▲▲▲△△△	▲▲▲▲▲△	▲▲▲△△△
05	Rund um den Jochberg (bike & hike)	19,7 km/930 hm	1:58 h	▲▲▲▲▲△	▲▲▲△△△	▲▲▲▲△△	▲▲▲△△△
06	Isarberge über Luitpolder Alm	47,2 km/991 hm	4:43 h	▲▲▲▲△△	▲▲▲▲△△	▲▲▲▲▲△	▲▲▲▲▲▲
07	Hochkopf – Schatz am Walchensee	50,4 km/1.104 hm	5:02 h	▲▲▲▲△△	▲▲▲▲△△	▲▲▲▲▲▲	▲▲▲▲▲△
08	Freeride-Tour zum Büffel (bike & hike)	13,7 km/718 hm	1:22 h	▲▲▲▲▲▲	▲▲▲△△△	▲▲▲▲△△	▲▲▲△△△
09	Schwammerl-Tour Paradiesköpfel	27,7 km/780 hm	2:46 h	▲▲▲△△△	▲▲▲▲△△	▲▲▲△△△	▲▲△△△△
10	Flussabenteuer Isarwinkel	61,9 km/879 hm	6:11 h	▲▲▲▲▲△	▲▲▲▲▲△	▲▲▲▲▲△	▲▲▲▲▲▲
11	Lenggries-Walchensee-Tour	59,5 km/1.064 hm	5:57 h	▲▲▲△△△	▲▲▲▲▲△	▲▲▲▲▲▲	▲▲▲▲▲△
12	Genusstour zum Schronbach	32,2 km/436 hm	3:13 h	▲▲△△△△	▲▲△△△△	▲▲▲▲△△	▲▲▲▲▲△
13	Schwarzenbachtal in die Jachenau	33,2 km/813 hm	3:19 h	▲▲▲▲△△	▲▲▲▲△△	▲▲▲▲△△	▲▲▲△△△

Gebiet 2: Benediktenwandgruppe bis Bad Tölz

Nr.	Tour	Strecke	Fahrzeit	Fahrtechnik	Kondition	Fahrspaß	Landschaft
14	Zwiesel – mein Liebling und ich	25,4 km/803 hm	2:32 h	▲▲▲▲▲▲	▲▲▲▲△△	▲▲▲▲▲△	▲▲▲△△△
15	Tutzinger Hütte – d'Feirabndrundn (bike & hike)	22,4 km/807 hm	2:30 h	▲▲▲△△△	▲▲▲△△△	▲▲▲▲▲△	▲▲▲△△△
16	Ins Isartal – auf ein Eis	32,2 km/780 hm	3:13 h	▲▲△△△△	▲▲△△△△	▲▲▲△△△	▲▲▲△△△
17	Blomberg – der Tölzer Hausberg	15,4 km/625 hm	1:32 h	▲▲△△△△	▲▲△△△△	▲▲△△△△	▲▲▲△△△
18	Vom Längental nach Klein-Kairo	33,2 km/627 hm	3:19 h	▲▲△△△△	▲▲△△△△	▲▲▲▲△△	▲▲▲▲△△
19	Benediktenwand-Umrundung	55,6 km/1.510 hm	5:34 h	▲▲▲▲△△	▲▲▲▲▲▲	▲▲▲▲▲△	▲▲▲▲▲△
20	Brauneck – der Schinderberg	18,9 km/903 hm	1:54 h	▲▲▲▲▲△	▲▲▲▲▲▲	▲▲▲△△△	▲▲▲△△△
21	Baumtour Teil 1: Kochel–Lenggries	43,8 km/741 hm	4:23 h	▲▲△△△△	▲▲▲▲△△	▲▲▲△△△	▲▲▲▲▲△
22	Baumtour Teil 2: Lenggries–Kochel	67,5 km/872 hm	6:45 h	▲▲▲△△△	▲▲▲▲▲△	▲▲▲△△△	▲▲▲▲▲△

Gebiet 3: Estergebirge und Herzogstand

Nr.	Tour	Strecke	Fahrzeit	Fahrtechnik	Kondition	Fahrspaß	Landschaft
23	D'Kischtn – a boarische Diva (bike & hike)	34,5 km/1.538 hm	3:56 h	▲▲▲△△△	▲▲▲▲▲△	▲▲▲△△△	▲▲▲▲▲△
24	Herzogstand-Tour (bike & hike)	43,5 km/1.157 hm	4:21 h	▲▲▲▲▲▲	▲▲▲▲▲△	▲▲▲▲▲△	▲▲▲▲△△
25	Esterberg-Umrundung	53,9 km/1.434 hm	5:23 h	▲▲▲▲△△	▲▲▲▲▲▲	▲▲▲▲△△	▲▲▲▲▲▲
26	Simetsberg-Umrundung (bike & hike)	23,8 km/986 hm	2:23 h	▲▲▲▲△△	▲▲▲▲△△	▲▲▲▲△△	▲▲▲▲▲△
27	Sinnesrausch Wallgauer-Alm	22,1 km/877 hm	2:13 h	▲▲▲▲▲△	▲▲▲▲△△	▲▲▲▲▲▲	▲▲▲▲△△
28	Brückentour zum Geroldsee	29,0 km/961 hm	2:54 h	▲▲▲△△△	▲▲▲△△△	▲▲▲▲▲△	▲▲▲▲▲△
29	Gschwandtnerbauer über Finz-Alm	24,9 km/677 hm	2:29 h	▲▲▲△△△	▲▲△△△△	▲▲▲▲△△	▲▲▲▲▲△
30	Wasserfall-Hochkopf-Tour	34,8 km/1.133 hm	3:29 h	▲▲▲▲▲△	▲▲▲▲▲△	▲▲▲▲▲▲	▲▲▲▲△△

Info Isarwinkel/Jachenau/Walchensee

Das Gebiet rund um die Jachenau ist das größte und vielseitigste in diesem Guide. Es erstreckt sich von Lenggries die Obere Isar hinauf, deckt die gesamten Isarberge ab, den Walchensee und streift die Südhänge des Benediktenwandmassivs.

Die Gebirgsregion zwischen Walchensee und Isar ist bis heute nirgendwo flächig besiedelt – für das Naturerlebnis Bike ein besonderer Vorteil. Die Jachenau zählt mit ihren knapp über 900 Einwohnern zur größten Gemeinde mit der geringsten Einwohnerdichte Deutschlands. Im Gegensatz zum Nachbarn Tirol liegen die Siedlungen und Bauernhöfe hier im Tal. Die Berge bleiben unberührt und scheinbar wild. Aber auch sie sind zum größten Teil eine vom Menschen geprägte Kulturlandschaft. Selbst der Wildfluss Obere Isar ist gezähmt. Der Charme geht dabei nicht verloren.

GEBIETINFO

» ANREISE Von München über die Salzburger Autobahn A8 nach Holzkirchen und weiter über die B13 nach Bad Tölz und Lenggries. An sonnigen Wochenenden gibt es meist ab 9 Uhr Stau. Möglich ist auch die Anfahrt über die Autobahn A95 Richtung Garmisch über Wolfratshausen.

» MIT DER BAHN Die Bayerische Oberlandbahn (BOB) verkehrt stündlich zwischen München und Lenggries und benötigt rund eine Stunde. Fahrradtransport: vier Euro. www.bayerischeoberlandbahn.de

» BIKE-SHOPS

Lenggries: Radl Rasti. Der Bike-Shop im Lenggrieser Bahnhof ist mittlerweile über die Grenzen des Isarwinkels bekannt. Gerade was Ersatzteile betrifft, ist der Laden gut sortiert. Mit viel Engagement und Improvisationsgeschick kann Rasti alles passend machen. Mit Schlauchomat. Marken: Bergamont, Simplon. Tel. 08042/2902, www.radlrasti.de

Fleck: Radsport Oberland. Alo Pöckl, einst selbst aktiver Rennfahrer, war mit seinem Shop Sprungbrett für Barbara Kaltenhauser, die Isarwinkler Ikone im Mountainbikesport. Mit viel Erfahrung und Know-How betreibt Pöckl, etwas abgelegen, seinen Laden in Fleck. Marken: Stevens, Scott. Tel. 08042/972947, www.radsport-poeckl.de.

» ESSEN UND SCHLAFEN

Lenggries: • Café Schwarz • Cortina (bestes Eis) • Hirschbachstüberl (Rennsemmel) • Luna Piena (Pizza u. Pasta) • Milano (Pizza u. Pasta) • Dorfschenke (gut bürgerlich) • Brauneck's (Thai) • Mulli Station an der Brauneckbahn (urig) • Bauernhof Café (am Wiesenweg) • Wastlerwirt in Anger (bürgerlich). Unterkünfte: Haus Seemüller, Tel. 8042/91980) u. Wieserwirt, Tel. 08042/91750

Jachenau: • Schützenhaus (große Portionen) • Gasthof zur Jachenau • Waldschenke Niedernach • Kiosk in Sachenbach

Walchensee: • Lago 4 (Pizza und Pasta) • Café Bucherer. Womos in Niedernach und Obernach an den Nachtparkplätzen. Camping am Walchensee: www.camping-walchensee.de

» TOURISMUS Tourist-Info in Bad Tölz: www.bad-toelz.de, Lenggries: www.lenggries.de

01 Kleinkanada-Abenteuer-Tour 50,9 km 1.006 hm 5:05 h

Man muss nicht nach Kanada: Der Isarwinkel südlich der Jachenau wirkt landschaftlich ebenso wild, die Trails sind vom Feinsten und einen schöneren Badesee wie den Walchensee gibt es in den Alpen kein zweites Mal.

Im Sommer 2006 brummte es im Isarwinkel. Aber nur kurz. Eine Autofahrerin aus Hinterriß sah Meister Petz namens „JJ1" oder „Bruno" im Juni gemächlich über die Fahrbahn Richtung Isar trotten. Man möchte es kaum glauben, doch am einzigen naturbelassenen Alpenfluss Deutschlands ist die Begegnung mit einem Braunbären so selten wie die mit einem Biker. Viele ahnen nichts von den versteckten Wegen an der Isar, am Sylvensteinsee oder in den Isarbergen. So konnte auch Bruno ungehindert durch das relativ unbesiedelte Gebiet pirschen. Als er eines Nachts die Jachenau bei Letten überquerte, beunruhigte das nur Pferde auf der Koppel. Als er dann Schafe und Ziegen im Landkreis riss und Bienenstöcke plünderte, wurde er zum „Problembär". Hans, der Isar-Indianer (siehe Tour 7), der sein Tipi unbewaffnet seit mehr als 30 Jahren in der Jachenau hütet, konnte sich mit der Idee eines großen Braunbären in seiner Nähe nicht anfreunden. „Aus Angst", gab er zu. Sein ganzer Vorrat hinge im Zelt – ein gefundener Fresskorb für so einen Koloss. Nach zweiwöchiger Hetzjagd entdeckten ausgerechnet Mountainbiker JJ1 beim Baden im Soinsee bei Bayrischzell. Am Morgen darauf streckte ihn ein Jäger kaltblütig nieder. Seit über 170 Jahren war Bruno der erste Braunbär, der in Deutschland in freier Wildbahn auftrat. Heute fristet er ein trauriges, ausgestopftes Dasein in einem Münchner Museum – dargestellt beim Plündern eines Bienenstocks. Wer die Kleinkanada-Tour fährt, benötigt Abenteuergeist und keine blühende Fantasie, um sich Braunbären in diesem weitläufigen, naturbelassenen Bergparadies vorzustellen. Schade, dass Politik und Gesellschaft eine friedliche Koexistenz zwischen Raubtier und Mensch in unseren Gefilden nicht erlauben.

HÖHENPROFIL Asphalt 0,4 km – asphaltierter Radweg 10,5 km – Schotter 22,05 km – Waldweg 8,8 km – Trail 8,2 km – Schieben 0,5 km

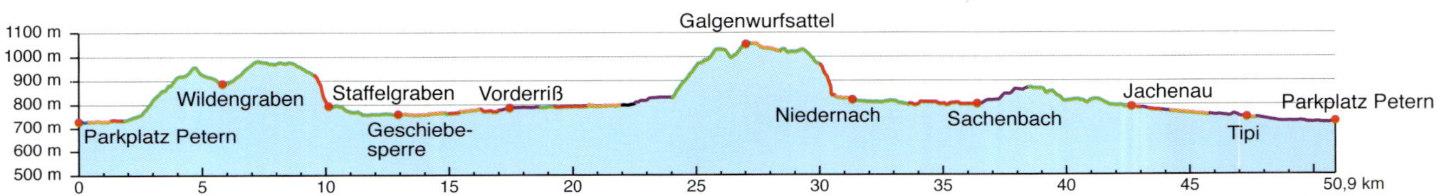

BEWERTUNG	MITTEL – SCHWER ▲▲
TECHNIK	▲▲▲▲▲△
KONDITION	▲▲▲▲△△
FAHRSPASS	▲▲▲▲▲△
LANDSCHAFT	▲▲▲▲▲▲

CHARAKTER Die landschaftliche Schönheit der Nordalpen, die vielen Bademöglichkeiten in kristallklarem Wasser (Gumpen am Staffelgraben, Isar und Walchensee) und die herrlichen Trails in den Nadelwäldern machen die Tour zu einer der abwechslungsreichsten der Region. Die Singletrails sind knackig, die Isartrails und die Überquerung bei Vorderriß ein kleines Wildnis-Abenteuer. Bei Hochwasser bitte an der Mautstraße Richtung Wallgau bleiben. Diese Tour ist für jeden Biker mit Abenteuergeist geeignet. Anmerkung: Die Trails sind verwaschen oder ganz verschwunden und ändern sich jährlich. Biker werden im Flussbett fahren, teilweise über Wasserrinnen preschen. Nasse Schuhe muss man in Kauf nehmen wollen.

TOURSTART Am Parkplatz Petern in der Jachenau.

ZEITPLANER Erst ab Mai kann man sicher mit schneefreien Wegen in den Isarbergen rechnen. Bitte beachten, dass die Obere Isar nach starken Regenfällen gefährlich werden kann. Bei normalem Pegel im Sommer wandelt sie sich zu einem Badejuwel. Zeit für das Erkunden toller Badestellen in Fluss und See einplanen!

EINKEHR Vorderriß: Gasthof Post. Am Walchensee: Gasthof Niedernach beim Schorsch. Tipp: Strandkiosk Sachenbach.

ROADBOOK

KM 0,0 Vom Parkplatz Petern fährt man kurz an der Landstraße nach Ort, dann an der Jachen entlang bis zur oberen Höfnerbrücke. Dort biegt man Richtung Sylvensteinsee, Röhrmoos ab und kämpft sich den recht steilen Stich hinauf.
9,60 Nach der Grabenalm darf man nach einer Rechtskurve den Abzweig zum Staffelgraben/Sylvensteinsee nicht verpassen. Der Trail fängt leicht an. Die Serpentinen verlangen jedoch technisches Können. Lange dauert es nicht und man trifft auf den Staffelgraben (bildschönes Bassin fünf Minuten links im Tal).
12,90 Nach der Geschiebesperre der Isar sofort rechts über den Platz nach Westen. Der Einstieg in den Isar-Trail findet man links vor der Kanalüberquerung.
18,70 Nach dem Mauthäuschen und dem Ochsensitz fährt man über die Brücke auf die Karwendelseite der Isar, um gleich dem zweiten Isar-Trail zu folgen.
22,00 Die eigentliche Isar-Überquerung: Höhe P6 (Parkplatz) zur Mautstraße zurück (die Straße auf der gegenüberliegenden Seite muss auf Flusshöhe sichtbar sein).
27,00 Vom Galgenwurfsattel über die Untere Sachenbacher Alm Richtung Niedernach (erst Schotter, dann anspruchsvoller Singletrail) zum Walchensee.
31,50 Das Ostufer lädt ab Waldschenke Niedernach mit seinen vielen Seglern und Surfern zum Baden ein.
36,40 Vom Sachenbacher Kiosk kann man die letzten Kilometer über Berg und den Jachenauer Rundweg gemächlich bis Petern zurück fahren. Brunos tägliche Laufstrecken waren ähnlich lang.
50,89 Parkplatz Petern. Ende der Tour.

02 Glaswand-Benewand-Tour 19,2 km 729 hm 1:55 h

Als kürzere Bike-Tour bietet dieser Klassiker alles: Wasserfall hinter der Lainl-Alm, steile Anstiege für die Kondition, Almen und Wiesen zum Flanieren, Badegumpen. Und als Krönung zwei herrliche Singletrails für Techniker: den Benewand- und den Petern-Trail.

Wie ein Schutzpatron grenzt die Benediktenwand-Gruppe die Jachenau gen Norden ab. Die Bezeichnung Benewand, von manchen Einheimischen liebevoll verwendet, löst bei anderen Missmut aus. Vor allem bei Kletterern. Die Verniedlichung sei eine Degradierung des im Voralpenbereich imposanten Massivs. Stolze 220 Millionen Jahre ist der Wettersteinkalk des Benediktenwand-Gipfels alt. Während der Hochzeit der alpinen Vergletscherungen ragten nur die höchsten Berge der Voralpen über das Eis hinaus. So auch die Benediktenwand mit ihren knapp 2000 Metern (deshalb der schroffe Gipfel und die steil abfallende Nordflanke, die Kletterer so schätzen). Allein schon wegen der seltenen Steinböcke und Steinadler lohnt sich der Aufstieg. Mit dem Bike kann man von der Jachenau den Gipfel – erst im Pedaltritt, dann zu Fuß – am leichtesten erreichen. Man muss aber kein Gipfelstürmer sein, um Gefallen an dieser Halbtages-Tour zu finden.

Zum Aufwärmen genießt man den Weg durch die Reichenau und das Lainetal. Wer sich etwas Zeit nimmt, macht vor dem steilen Anstieg hinter der Lainl-Alm einen lohnenden Zehn-Minuten-Abstecher zum Jachner Wasserfall. Der Benewand-Trail, die Almen (unbewirtschaftet), die herrlichen Badegumpen in der Schwarzenbachklamm und ein geheimer Jägersteig hinter dem Langenecksattel bis fast zum Parkplatz hinunter belohnen den mühsamen Bergaufstich unter der Glaswand.

HÖHENPROFIL Asphalt 0,0 km – asphaltierter Radweg 0,0 km – Schotter 17,4 km – Waldweg 0,0 km – Trail 2,1 km – Schieben 0,0 km **Bike & Hike**

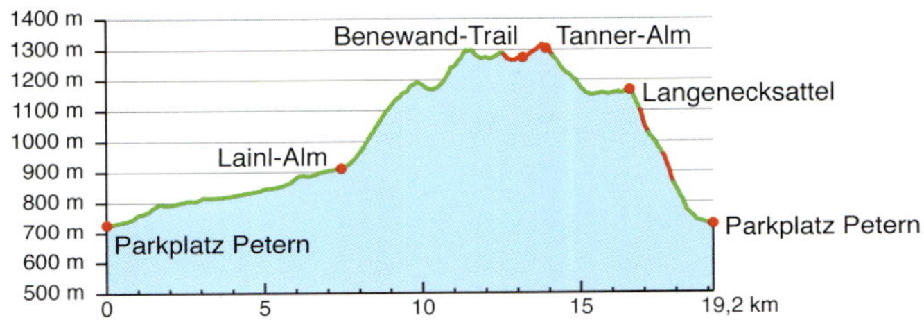

BEWERTUNG	MITTEL ▲
TECHNIK	▲▲▲▲△△
KONDITION	▲▲▲△△△
FAHRSPASS	▲▲▲▲△△
LANDSCHAFT	▲▲▲△△△

CHARAKTER Wer diese Tour nur als Biketour fährt, kann sie als tolle, mittelschwere Vormittagstour einplanen und am Nachmittag am Walchensee Segeln, Surfen, Kiten oder Schwimmen gehen. Der Anstieg ist vor allem unter der Glaswand kurz, aber heftig. Der Quersteig bis zur Tanner-Alm ist nicht leicht und verwurzelt. Der Jägersteig vom Langenecksattel dafür meistens flüssig fahrbar.

TOURSTART Am Parkplatz Petern in der Jachenau (Alternative: Parkplatz Jachenau Ort am Schützenhaus).

BIKE & HIKE Wer die Benediktenwand besteigen möchte, lässt das Bike an der Kreuzung bei km 11,9 stehen und wandert von dort den Steig etwa 45 Minuten zum Gipfel hinauf. Zeit für das Erkunden toller Badestellen in Fluss und See einplanen!

EINKEHR In der Jachenau bieten sich das Schützenhaus und das Gasthaus Zur Jachenau an. Infos: www.schuetzenhaus-jachenau.de; www.hotel-gasthof-jachenau-toelzer-land.de

TIPPS: Auch der Benewand-Trail bietet versteckte Naturjuwelen zum Entdecken: Ein Zehn-Minuten-Abstecher zum Wasserfall hinter der Lainl-Alm (km 7,4) lohnt sich. Bei der Abfahrt kurz vor der Orterer-Alm bei leichter Steigung linker Hand findet man nette Gumpen zum Baden im oberen Schwarzenbachtal.

ROADBOOK

KM 0,0 Vom Parkplatz Petern schlängelt sich der Schotterweg leicht bergauf durch die Reichenau bis ins Lainetal.

7,40 Ab der Lainl-Alm erkämpft man sich die ersten, richtigen Höhenmeter bis unterhalb der Achala-Alm.

10,60 Nach kurzer Bergabfahrt zweigt der neue, aber extrem steile Radweg Richtung Glaswand hinauf ab.

11,40 Den neu geschobenen Weg quert man Richtung Tanner-Alm (vom Glasbach quert der Steig zur Benediktenwand).

11,90 Wer zum Gipfel möchte, lässt das Bike im Wald zurück und wandert noch ca. 45 Minuten zum Kreuz hinauf. Der Singletrail-Einstieg: Ein verwurzeltes Auf-und-ab (zwei kurze Schiebepassagen) erfreuen die Trail-Fahrer bis oberhalb der Tanner-Alm. Direkt unter der Benewand öffnet sich der Blick auf die umliegenden Almen, die Tegernseer Alpen, den Rofan und das Karwendel.

13,90 Über die Wiese rauscht man links an der Tanner-Alm vorbei und etwa 100 Meter den verblockten Trail bis zum Schotterweg hinunter. Dieser zieht sich im oberen Schwarzenbachtal talabwärts.

16,50 Vom Langenecksattel rollt man zwei Kehren den Schotter bergab. Der Einstieg zum Traumtrail befindet sich ca. 150 Meter rechts nach der zweiten Kehre. Der Jägersteig überquert ein Mal länger und ein Mal nur kurz den Fahrweg (im unteren Teil etwas anspruchsvoller, da verblockt). Die leichte Variante: Schotterweg vom Sattel bis Petern hinunter.

19,17 Parkplatz Petern. Ende der Tour.

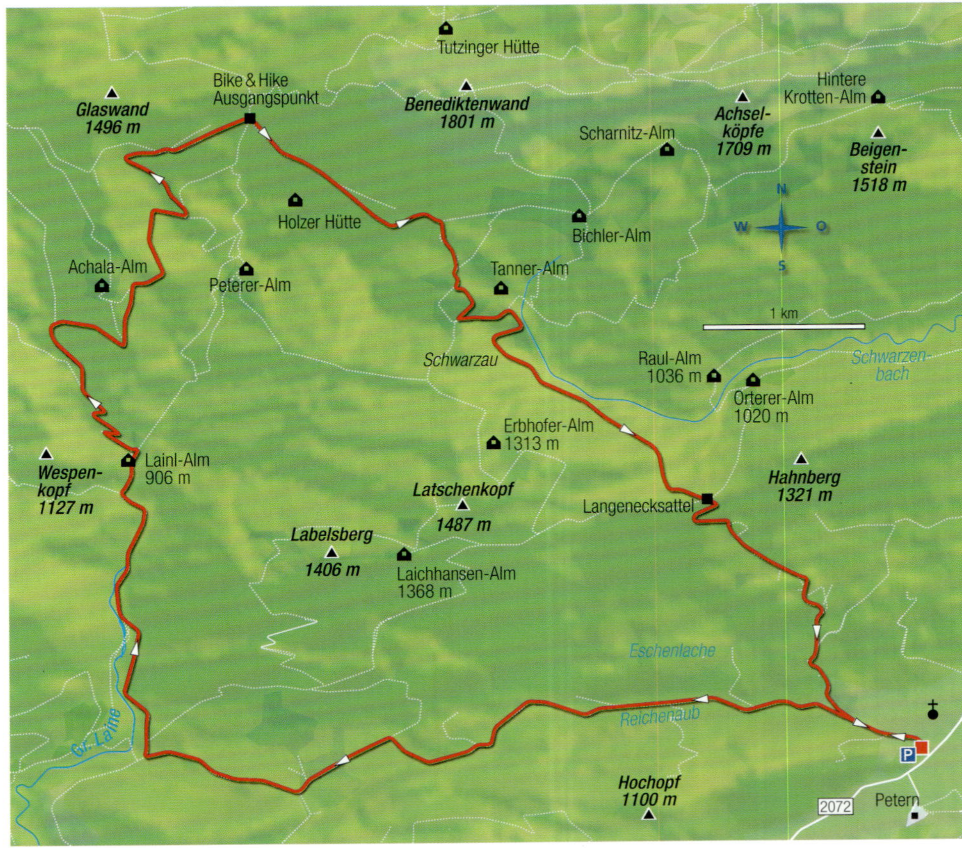

03 Um das Hirschhörnl zum Jochberg 19,6 km 712 hm 1:58 h

Ein neuer Geheimtipp erlaubt die Umrundung des Hirschhörnls durch eine faszinierende Schlucht. Gepaart wird diese knackige Halbtagestour mit einem Jochberg-Aufstieg. Drei Trails toppen den Bike-Spaß in die Jachenau zurück.

Oft ärgert man sich über neue Forstwege, die über geliebte Trails gewalzt werden. Im Fall des neuen Forstwegs oberhalb der Rappinschlucht nicht, dann nun kann man endlich über die Rappin-Alm Richtung Kochel biken. Der Steig in der Schlucht ist für Geübte fahrbar. Dennoch ist wegen des freigesetzten Geländes unbedingt Vorsicht geboten. Im Zweifel ein paar Minuten schieben und das Naturspektakel genießen. Von der Kot-Alm kämpft man sich auf den Jochberg hinauf. Unter der Jochberg-Alm fräst sich linkerhand ein toller Steig bis in die Jachenau hinab. Da Rappin-Alm und Kot-Alm nicht bewirtschaftet sind, bleibt nur noch die bewirtschaftete und schön gelegene Jochberg-Alm.

Wer auf den Gipfel möchte, lässt die Bikes am Waldrand stehen und wandert die 20 Minuten zum Gipfelkreuz hinauf. Der Blick über Walchensee, Kochelsee, Starnberger See und Ammersee ist atemberaubend. Wie ein Amphitheater säumen das Wetterstein- und Karwendelgebirge den Rücken des Jochbergs. Leider wissen viele um den kurzen Aufstieg und den herrlichen Blick. Am Wochenende ist daher immer viel los. Die gute Nachricht: Der recht anspruchsvolle Trail zur Fieberkapelle (der Name lässt vermuten, dass hier einst Menschen an Fieber erkrankt sind – ist aber nicht so) hinunter ist selten stark bewandert. Achtung: Da der Weg an manchen Stellen stark verwurzelt und abschüssig ist, sollte man ihn an verregneten Tagen meiden. Wer es ruhiger angehen möchte, folgt einfach dem Schotterweg zurück in die Jachenau.

HÖHENPROFIL Asphalt 0,3 km – asphaltierter Radweg 0,0 km – Schotter 10,4 km – Waldweg 0,6 km – Trail 8,0 km – Schieben 0,4 km **Bike & Hike**

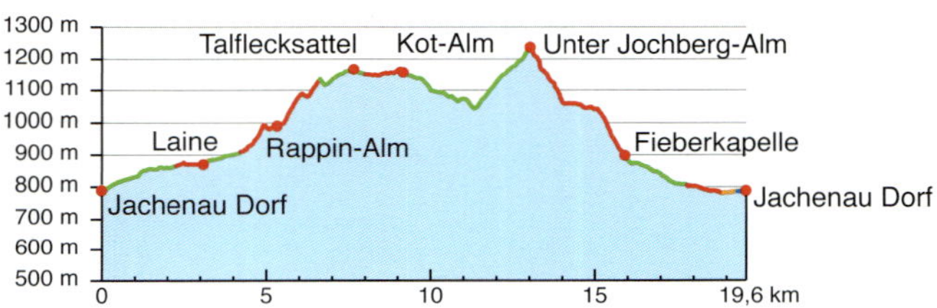

BEWERTUNG	MITTEL ▲
TECHNIK	▲▲▲▲▲▲
KONDITION	▲▲▲△△△
FAHRSPASS	▲▲▲▲▲△
LANDSCHAFT	▲▲▲▲△△

CHARAKTER Konditionell mittelschwere, fahrtechnisch mittelschwere bis maximal schwere Tour mit vielen flowigen Trail-Passagen und abwechslungsreichen Anstiegen um das Hirschhörnl bis zum Jochberg. Die Tour sollte man bei Regen meiden, da die Trails zur Kot-Alm, zur Fieberkapelle und zur Jachenau stark verwurzelt und daher dann rutschig sind. Der Aufstieg durch die Rappinschlucht ist spektakulär und fast durchwegs fahrbar. Bitte unbedingt konzentriert fahren. Ein Fehler kann fatal enden. Bei Unsicherheit oder Höhenangst die kurzen Schlüsselstellen besser schieben.

TOURSTART Parkplatz Jachenau Ort am Schützenhaus.

VARIANTE Wer die Tour verkürzen möchte und eine reine Hirschhörnl-Umrundung mit tollem Abschlusstrail vorzieht, fährt nach der Kot-Alm den Trail am Kotbach in die Jachenau zurück.

BIKE & HIKE Bis zur Jochberg-Alm und dann etwa 20 Minuten zu Fuß auf den herrlichen Aussichtsberg Jochberg.

EINKEHR Das Schützenhaus liegt nicht nur direkt am Parkplatz, es bietet wirklich große und leckere Portionen. Für eine Brotzeit befindet sich der Dorfladen gleich um die Ecke.

HINWEIS Wer sich in Sachenbach am See abkühlen oder am Kiosk herrlichen Kuchen von Großmuttern genießen möchte, hält sich fünf Minuten nach rechts, an der Kapelle vorbei zum See.

ROADBOOK

KM 0,0 Vom Parkplatz Jachenau Dorf am Schützenhaus eben Richtung Jochberg, dann Richtung Wasserfall. Ab dem Lainetal kann man schon erste Trail-Genüsse erleben. Der Schotterweg führt seicht bergauf Richtung Wasserfall.

4,20 Vor der Lainl-Alm führt der Steig über eine Brücke in die Rappinschlucht hinauf. Geübte und trainierte Biker arbeiten sich über Stock und Stein ohne viel Schieben die Klamm hinauf. Der Pfad ist für Geübte und Schwindelfreie bergauf fahrbar, Schieben ist sicherer (5 bis 10 Min.).

5,30 Vor der Rappin-Alm den Bach queren (bei Hochwasser balanciert man rechter Hand über den dafür gedachten Stamm) und hinter der Alm dem neuen Forstweg steil bergauf folgen.

7,70 Hinterm Talflecksattel rollt man aufmerksam Richtung Kochel bergab, um den Abzweig nach links Richtung Kot-Alm nicht zu verpassen. Der kündigt sich mit dem Hochsitz links am Waldrand und dem Weiderost an. Leicht verblockt und verwurzelt, genießt man die erste Singletrail-Querung zur Kot-Alm.

9,20 An der Kot-Alm rauscht man talabwärts vorbei, um dahinter wieder bergauf den Jochberg zu erklimmen. Bike & Hiker fahren den steilen Stich weiter zur Jochberg-Alm und laufen zu Fuß bis auf den Gipfel.

13,00 Der Steig über die Fieberkapelle Richtung Jachenau ist zwar anspruchsvoll, aber immer fahrbar. Die Traverse ist rechts abschüssig und steil. Der Trail mündet in die Schotterstraße Berg – Walchensee.

16,40 Vor Berg den scharfen Abzweig rechts hinunter nicht verpassen (Radfahren nicht verboten!) und den Schildern Waldweg Jachenau folgen. Der letzte Trail führt sportlich im Auf und Ab (Trial-Training) am Bach entlang bis ins Dorf.

19,61 Parkplatz Jachenau Dorf. Ende der Tour.

04 Blauer Reiter auf der Staffel-Alm 29,7 km 722 hm 2:58 h

Seit 2010 ist die Staffel-Alm wieder bewirtet. Die Alm-Auffahrt eignet sich als knackige Stichtour nach Feierabend oder als Rundtour mit anspruchsvollen Trails. Die Alm hat zudem Kunstgeschichte zu bieten.

„Auf da Alm, do gibt's koa Sünd, dafür a Brotzeit und a guade Muich", sagt der Bayer. Dennoch scheinen die Sennerinnen auf der Staffel-Alm eine anziehende Wirkung zu haben – in der Vergangenheit wie in der Gegenwart. Anfang des 19. Jahrhunderts wurde die damalige Sennerin mehrere Jahre von einem Maler besucht. Es war Franz Marc, einer der bedeutendsten expressionistischen Maler Deutschlands und Mitbegründer der Künstlervereinigung „Der Blaue Reiter". Von ihm stammen die Wandmalereien in der Staffel-Alm. Einheimische Biker sagen auch Langerbauer-Alm, da der Wirt (Josef Orterer) auch der Besitzer vom Langerbauer-Hof in Jachenau ist. Für ihn arbeitete die Sennerin Bernadette, die nach zwei Jahren schwanger wurde. Im Tal war die Spannung anschließend groß: Welches Mädel wird wohl in Zukunft auf der Staffel-Alm die Buttermilch und den hofeigenen Bergkäse verkaufen oder die „Hoibe" (ein großes Bier) ausschenken? Die herrliche Aussicht und der sportliche Trail hinter der Alm, rund um das Hirschhörnl bis in die Jachenau lohnen allemal und sind – neben den Sennerinnen – anziehende Kunstwerke der natürlichen Art. Gipfelstürmer, aber auch Freerider gelangen von der Alm in etwa 25 Minuten auf den Rabenkopf, der eine herrliche Sicht über das Alpenvorland bietet. Die Stufen sind bei der Abfahrt für geübte Freerider alle fahrbar. Der Trail hinter der Staffel-Alm zur Kochler-Alm hinunter ist im ersten Abschnitt eine Verlängerung der Freeride-Abfahrt vom Rabenkopf (evtl. zehn Minuten schieben – is a koa Sünd ned).

HÖHENPROFIL Asphalt 0,6 km – asphaltierter Radweg 0,0 km – Schotter 15,6 km – Waldweg 7,3 km – Trail 5,6 km – Schieben 0,5 km **Bike & Hike**

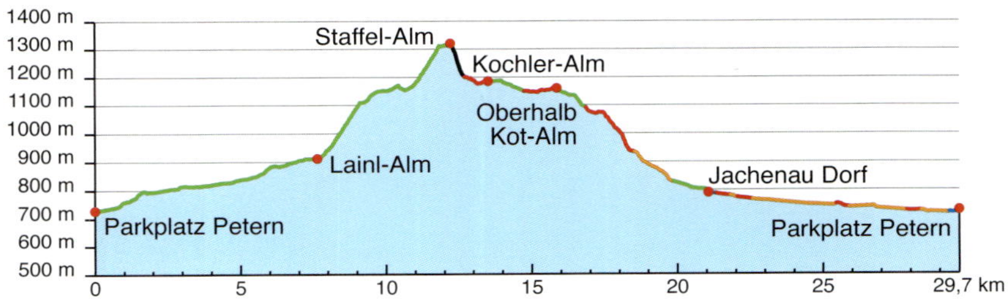

BEWERTUNG	MITTEL – SCHWER ▲▲
TECHNIK	▲▲▲▲▲▲
KONDITION	▲▲▲△△△
FAHRSPASS	▲▲▲▲▲△
LANDSCHAFT	▲▲▲△△△

CHARAKTER Die Staffel-Alm ist neben der Luitpolder-Alm die einzige bewirtschaftete Alm in der Jachenau und die Tour dorthin daher beliebte Nach-der-Arbeit-Trainingsstrecke der Jachner Biker. Während die Einheimischen dann mit ihren Lichtern den Schotterweg zurück fahren, wählt man tagsüber die anspruchsvollen Trails hinunter. Der erste hinter der Alm hat Freeride-Niveau. Nicht abschrecken lassen. Die zweite Hälfte des Trails ist zwar auch anspruchsvoll, jedoch gut fahrbar. Die Querung zur Kot-Alm ist ebenfalls knackig, gleiches gilt für die Abfahrt am Kotbach bis in die Jachenau.

TOURSTART Am Parkplatz Petern in der Jachenau.

BIKE & HIKE Von der Staffel-Alm können Freerider ihren Bock auf den Rabenkopf hinauf tragen, oder man lässt die Mühle an der Alm und wandert frei auf den Gipfel.

EINKEHR Die Staffel-Alm liegt am Sattel an der Südflanke des Rabenkopfes und ist vom Frühsommer bis Herbst geöffnet. Man kann von der Alm wunderbar Richtung Jochberg, Benediktenwand und Karwendel schauen. Bei schlechtem Wetter ist wenig Platz in der Hütte.

FREERIDE-VARIANTE Links an der Alm dem Wegweiser Rappinschlucht nach Jachenau folgen. (Vorsicht in der Rappinschlucht, siehe Tour 3: Der Trail ist zwar gut fahrbar, bei Fahrfehlern aber extrem gefährlich, Absturzgefahr!) Einmündung Lainetal.

ROADBOOK

KM 0,0 Vom Parkplatz Petern bikt man genüsslich durch das Reichenautal. Der Weg mündet in das Lainetal, dem man ebenfalls mühelos bis zum Fuße des Benediktenwandmassivs folgt.

7,60 Rechts die Lainl-Alm mit Steig zum Wasserfall, links hinten die Rappinschlucht und der mächtige Rücken des Hirschhörnls, direkt vor dem Lenker die erste Prüfung: ein 200-Höhenmeter-Anstieg in praller Sonne.

9,10 Oben gabelt sich die Forststraße. Rabenkopf und Staffel-Alm kann man linkerhand erspähen. Nach kurzer Verschnaufpause hebt sich der Weg steil bis zur Alm hinauf.

12,20 Schräg rechts hinter der Alm fällt der Steig hinunter zur Kochler-Alm. Der erste Abschnitt ist ein Freeride-Highlight. Die meisten werden jedoch zehn Minuten schieben müssen und kommen dann auch zu ihrem Genuss.

14,80 Der zweite, gut fahrbare Singletrail zweigt nach dem Sattel Talfleck links ohne Höhenverlust zur Kot-Alm ab.

15,90 Nach kurzer Überbrückung auf dem Schotterweg links an der Kot-Alm vorbei, wählt man knapp einen Kilometer nach der Alm den Abzweig links am Kotbach, einen leicht verblockten und verwurzelten, aber durchweg fahrbaren Steig in die Jachenau.

29,67 Parkplatz Petern. Ende der Tour.

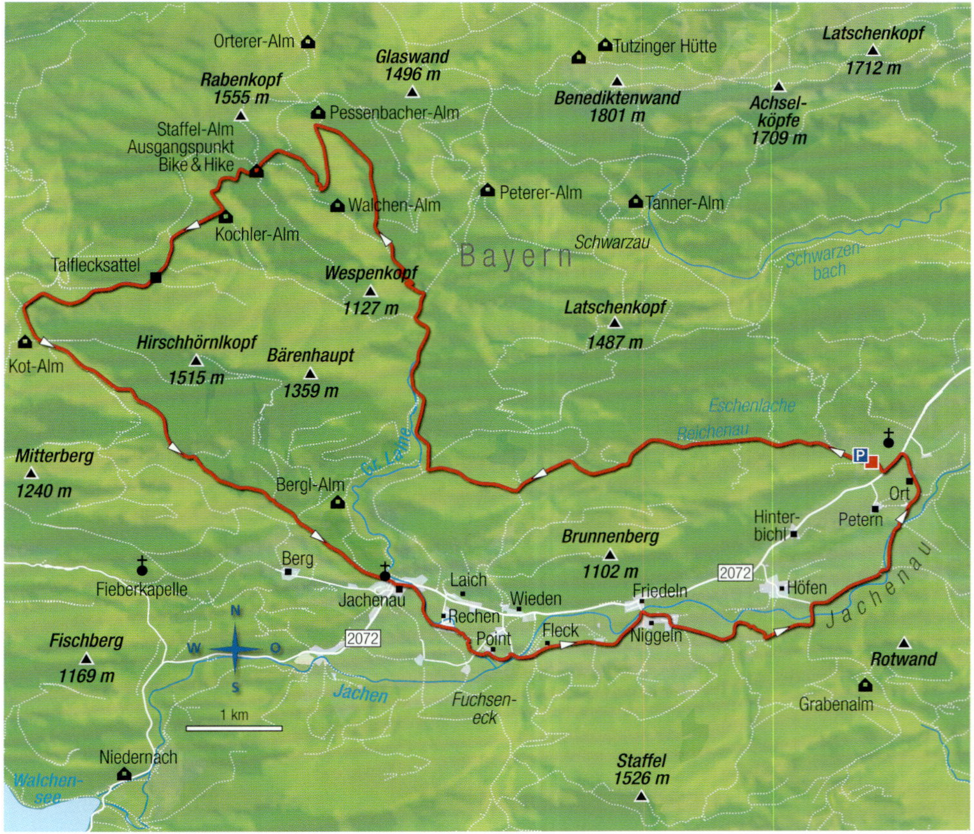

05 Rund um den Jochberg

19,7 km 930 hm 1:58 h

Wenn im Hochsommer die Temperaturen auf über 20 Grad Celsius klettern, dann gibt's für hart gesottene Biker nur eins: Aufs Rad, über den Berg und in den See – den schönsten, den Bayern – nein, Deutschland zu bieten hat.

Der Kochelsee ist ja ganz nett, aber irgendwie liegt er im Schatten des großen Bruders Walchensee – im wahrsten Sinne des Wortes. Denn der liegt nicht nur fast 200 Meter über dem Kochelsee, er ist auch landschaftlich eine Steigerung. Sein Wasser changiert von Smaragdgrün bis Kobaltblau, und mit einer Tiefe von fast 200 Metern und einer Fläche von 16,4 Quadratkilometern ist der Walchensee der größte und tiefste Gebirgssee Deutschlands. Früher glaubte man, an seinem Grund schlafe ein riesiger Waller, den man nicht wecken dürfe, weil er sonst mit seiner Schwanzflosse schlagen und damit eine gigantische Flutwelle auslösen würde. Heute tummeln sich hier an sonnigen Tagen Windsurfer und Kiter wie Schmetterlinge auf dem Wasser. Künstler ließen sich vom Charme des Sees begeistern, wie zum Beispiel der Maler Lovis Corinth. Von 1918 bis zu seinem Tod 1925 malte er 78 Walchensee-Gemälde. Das Lovis Corinth Museum kann man in Urfeld, direkt am Radweg, besuchen. Der schnellste Weg zum Paradies? Der führt über die Kesselbergstraße nach Urfeld. Der schönste Weg aber führt über die Kot-Alm und das Rotmoos – mit tollen Blicken in die Jachenau – unter dem Gipfel des Jochbergs hinunter nach Sachenbach. Der im oberen Teil mitunter knifflige Trail zum See wird am Ende immer flowiger und mündet direkt am See am Sachenbacher Kiosk, wo es den besten Kuchen weit und breit zu kaufen gibt. Lovis Corinth hätte sich wohl bei einer Latte Macchiato, einem Käsesahnestückchen und einem Blick auf den glitzernden See an dieser schlichten Kioskschänke von neuem bezaubern und inspirieren lassen.

HÖHENPROFIL Asphalt 2,4 km – asphaltierter Radweg 2,5 km – Schotter 11,4 km – Waldweg 0,0 km – Trail 3,6 km – Schieben 0,0 km **Bike & Hike**

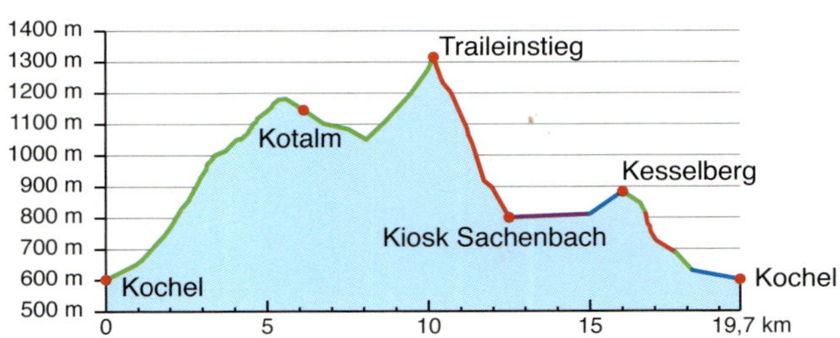

BEWERTUNG	MITTEL – SCHWER ▲▲
TECHNIK	▲▲▲▲▲△
KONDITION	▲▲▲△△△
FAHRSPASS	▲▲▲▲△△
LANDSCHAFT	▲▲▲△△△

CHARAKTER Konditionell eher mittelschwer, verlangt die Tour fahrtechnisch auf dem Sachenbach-Trail ein solides Können. Auch die alte Kesselbergstraße macht bergab richtig Laune. Landschaftlich gehört der Walchensee zu den schönsten Flecken im ganzen Voralpenraum und auch die Blicke, die sich ins Karwendel öffnen, sind einmalig. Achtung: am Sachenbach-Trail bitte Rücksicht auf Wanderer (besonders am Wochenende)!
TOURSTART Der Parkplatz der Firma Dorst in Kochel ist kostenlos (direkt an der B11, Richtung Kesselberg).
BIKE & HIKE Wer die Tour ausweiten möchte, fährt vom Abzweig in den Sachenbach-Trail noch die 60 Höhenmeter bis zur Jochberg-Alm hinauf und erwandert dann den Jochberggipfel (ca. 30 min.).
EINKEHR Am Kiosk in Sachenbach gibt es hervorragenden, hausgemachten Kuchen.
SONST Für Kunstliebhaber: das Lovis Corinth Museum. Infos unter www.walchenseemuseum.de

ROADBOOK

KM 0,0 Vom Parkplatz der Firma Dorst am Kochelsee führt eine noch angenehme Steigung hinauf zur idyllisch gelegenen Kot-Alm.

6,10 Hinter der Kot-Alm erst hinab Richtung Jachenau und dann zwischen Mitterberg und Jochberg vorbei Richtung Jochberg-Alm.

10,20 Wer dem Wandertrubel an der Jochberg-Alm entgehen möchte, wählt gleich den Abzweig kurz vor der Alm Richtung Sachenbach. Wem es nach Gipfelluftschnuppern ist, fährt bis zur Alm und läuft zum Jochberggipfel (insgesamt etwa 200 Höhenmeter). Der Sachenbach-Trail ist im oberen Teil recht eng und grob, und gerade am Wochenende sind Wanderer unterwegs. Bitte Rücksicht nehmen!

12,50 Der Trail endet direkt am See, am Sachenbach-Kiosk. Von dort führt die Route am Nordufer entlang nach Urfeld.

15,00 In Urfeld geht's vorbei am Walchenseemuseum und am Goethedenkmal, dann kurz hinauf zum Kesselbergsattel.

16,00 Vom Kesselbergsattel wählt man gleich links an der Bushaltestelle die alte Kesselbergstraße hinunter nach Kochel.

19,65 Parkplatz der Firma Dorst. Ende der Tour.

06 Isarberge über Luitpolder Alm 47,2 km 991 hm 4:43 h

Die Isarberge sind unbekanntes Terrain im Kopf vieler Biker. Die Tour von der Jachenau über den Galgenwurfsattel ins Isartal, dann über Sylvensteinsee und Schronbachtal ist wie eine noch ungeöffnete Schatztruhe voller Juwelen.

Wie in einem verlassen Tal Lapplands schmiegt sich die Luitpolder Alm zwischen die dunklen, rollenden Berge am Wilfetsbach – übrigens ein Geheimtipp und nette Feierabend-Stichtour der Jachner. Die Sennerin hat immer eine Buttermilch, Brot und Käse für den kleinen Hunger. Nur einen Katzensprung entfernt, wartet auf Abenteurer die Freeride-Variante vom Rißsattel: der Kanapee-Trail mit seinen etwa 100 Serpentinen. Wer hier fährt, beherrscht spätestens nach Ankunft im Isartal den Hinterradumschwung. Weniger den Angstschweiß treibend, dafür Glückshormone ausschüttend, lockt ein noch nie veröffentlichter Genuss-Trail am Galgenwurfsattel weiter westlich. Tipp: Im Frühsommer nach der Schneeschmelze ist das Gras kurz und der Trail sehr gut sichtbar. Im Hochsommer wächst das Gras hoch. Da der Steig selten befahren wird, kann man an manchen Stellen den einstigen Jägerreitsteig nur noch erahnen. Der Isartrail zwischen Vorderriß und Sylvensteinsee startet ab dem Kinderferienheim bis zum Stausee. An heißen Sommertagen erfrischen Badeparadiese gleichermaßen an der Oberen Isar, am Sylvensteinsee (Badestrand/Wasserwacht mit Badeinsel bei Fall) oder in den Gumpen des Schronbachs. Tipp: Der aufgestaute Sylvensteinsee ist um einiges wärmer als sein Wassergeber, die Isar. Dennoch ist und bleibt die Isar mit ihren grandiosen Schotterbetten, Buchten und Auen romantischer.

HÖHENPROFIL Asphalt 8,2 km – asphaltierter Radweg 2,3 km – Schotter 23,5 km – Waldweg 7,7 km – Trail 5,5 km – Schieben 0,0 km

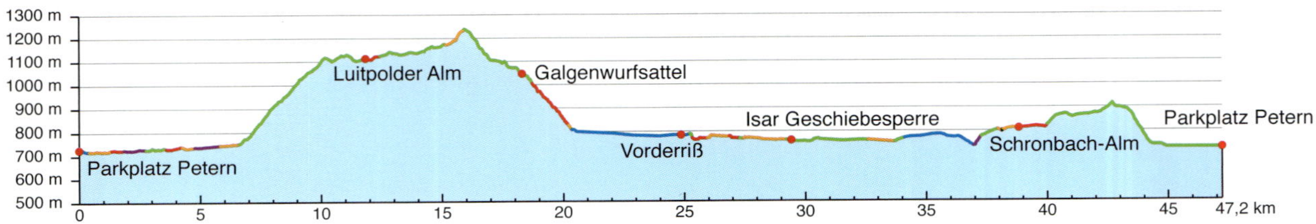

BEWERTUNG	MITTEL ▲
TECHNIK	▲▲▲▲△△
KONDITION	▲▲▲▲△△
FAHRSPASS	▲▲▲▲▲△
LANDSCHAFT	▲▲▲▲▲▲

CHARAKTER Die landschaftliche Abwechslung ist überwältigend. Die Tour ist so eingerichtet, dass vom Anfänger bis zum Extrembiker jeder bedient wird. Erste Anlaufstelle ist die idyllisch gelegene Luitpolder Alm. Oberhalb der Alm wählt der Freerider den alten Pilgersteig zum Kanapee (Variante Freeride). Eine halbe Stunde westlich davon teilt sich die Tour kurz vor dem Galgenwurfsattel noch einmal. Ein flowiger Singletrail (alter Reitsteig) windet sich eher flach bis an die Isar hinunter (für Trail-Einsteiger geeignet und nach der Schneeschmelze am allerbesten zu sehen, dank des kurzen Grases).

TOURSTART Parkplatz Petern in der Jachenau.

EINKEHR Die Alm „Zum Luitpolder" vom Gehöft des Luitpolder Bauern ist sehr beschaulich, wenig frequentiert und doch von einer Sennerin in den Sommermonaten bewirtschaftet. Wer die eigentliche Tour mit einer Übernachtung an einem herrlichen Ort bereichern möchte, kann das dort machen. Zur Voranmeldung den Luidpolder Bauern in der Jachenau benachrichtigen. Vorderriß: Gasthof Post.

KM 0,0 Zum Aufwärmen tritt man genüsslich, aber zügig vom Parkplatz Petern durch das Sonnental Jachenau, zweigt ab Fleck die teils recht steile Forststraße zur Luitpolder Alm hinauf.

11,80 Hinter der Alm zieht sich ein Wiesen- und Moor-Trail Richtung Rißsattel. Die von dort ausgehende 100-Sepentinen-Trail-Variante ist nur etwas für geübte Freerider! Weiter geht's auf dem seichten Kamm entlang bis zum Sattel zwischen Mitterberg und Rißer Hochkopf.

15,20 Der neu angelegte Karrenweg (rote Markierung) führt auf der Südseite der Isar-Berge bis kurz vor den Galgenwurfsattel.

18,00 Der Pfad ist leider verwittert und verwachsen, daher findet man den oberen Einstieg in den legendären Reitsteig Kaiser Maximilians fast nur mit GPS-Gerät.

18,30 Der zweite Einstieg ist dagegen leicht zu finden: Er befindet sich in der Verlängerung des einzigen Linksabzweigs vor dem Sattel. Der mit Gras bewachsene Waldtrail windet sich leicht abfallend und flowig zur Isar hinab (beste Zeit: Frühsommer, wenn das Gras noch kurz ist).

25,20 Von Vorderriß (Ferienheim) bikt man flussabwärts auf einem wenig bekannten Trail bis an den Sylvensteinsee, wo die Isar aufgestaut wird. Hier wurde übrigens Bruno, der Bär, das erste Mal in Deutschland gesichtet.

37,00 Wie Meister Petz wählt man den schnellst möglichen Weg von der Isarstaumauer zurück auf die autofreien Trails, kämpft sich entlang des Schronbachs ein verwunschenes, wildromantisches Tal hinauf, um dann aus der unberührten Wildnis in die Jachenau zurück zu rauschen.

47,22 Parkplatz Petern. Ende der Tour.

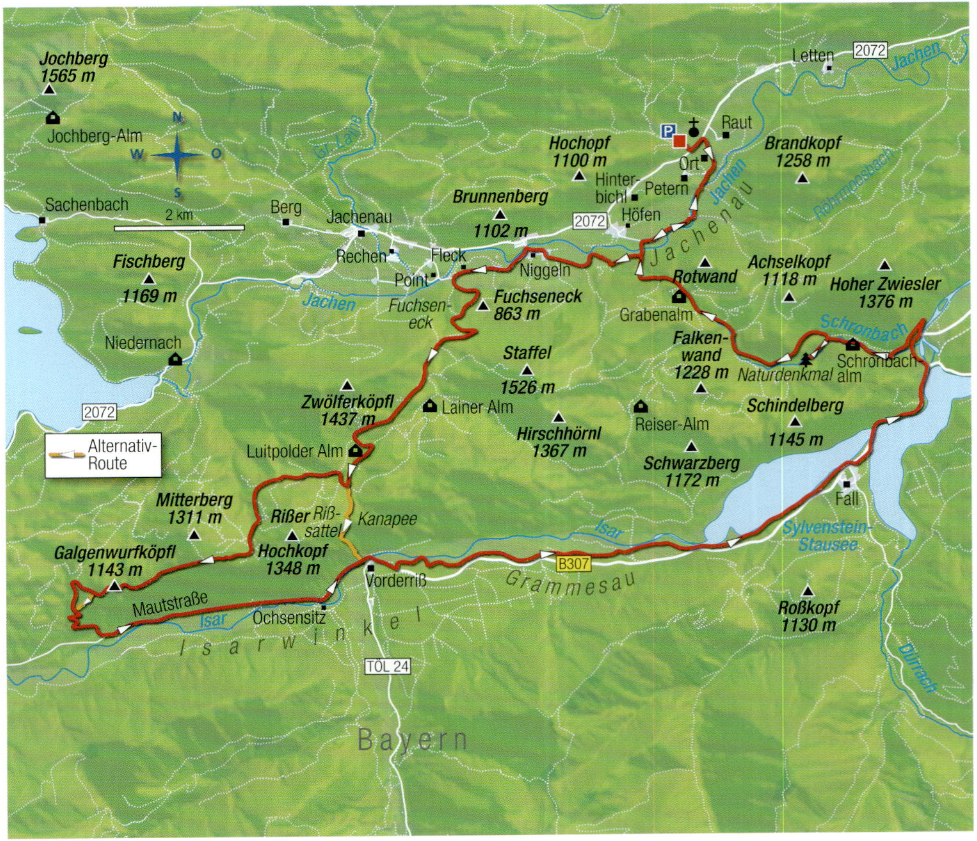

07 Hochkopf – Schatz am Walchensee 50,4 km 1.104 hm 5:02 h

Die Insider-Tour in der Jachenau ist landschaftlich ein wahrer Schatz: einsame Pfade, herrliche Singletrails, Badevergnügen am Walchensee und die skurrilste Persönlichkeit in der Jachenau.

Wer eine dunkle Rothaut erwartet, der sei gewarnt: „Der Indi“, wie ihn das Jachner Bergvolk liebevoll nennt, heißt eigentlich Hans und ist ein Urbayer der zünftigen Sorte. Ein waschechter Isar-Indianer, den es – vertrieben von Hütern der Großstadt Münchens – seit 1981 an die oberen Ausläufer der Isar gezogen hat, nämlich an die Jachen. Auf der Viehweide des „Lettner“ bei Höfen hütet Hans nun kein Vieh, sondern das Feuer, die Weisheiten des Indianerhäuptlings Schwarzer Elch und die indianische Hirschledernähkunst. Bei ihm kann man Mokassins, Rucksäcke und Hosen bestellen. Bike-Hosen auch? „Wann'st a Hirschleder auf'n Oarsch wuist, dann mach' i' des a!“, sagt er. Seine Sommerjagdgründe reichen bis auf die Luitpolder Alm. Der Altlacher Hochkopf übersteigt jedoch wie ein heiliger Berg der Ahnen weit sein „Schnuaten-Revier“ (deutsch: Erkundungsrevier). Aber zu Ross gut erreichbar, fegt man von dort zum lebensspendenen Walchensee hinab, wo sich Bleichgesichter philosophisch unnützen Dingen hingeben: Mit den Ziehdrachen tanzen oder wie landende Schwäne auf dem Wasser gleiten. Aber am Ende hält man sich an die Alten, Weisen: „Denn alles ist wie ein Schatten dessen, was wirklich ist, und so kehren wir wieder zurück zur Mutter“, sprach Schwarzer Elch. Der Pfad führt zurück in die Jagdgründe des Indianers Hans. Mit Glück entlockt der Zweirad-Nomade dem Weisen der Oberen Isar den Satz der Sätze. Nämlich: „Der Traum eines Volkes starb. Es war ein schöner Traum!“ Möge aber der Schatz am Walchensee erhalten bleiben.

HÖHENPROFIL Asphalt 0,8 km – asphaltierter Radweg 12,7 km – Schotter 19,4 km – Waldweg 7,9 km – Trail 9,6 km – Schieben 0,0 km

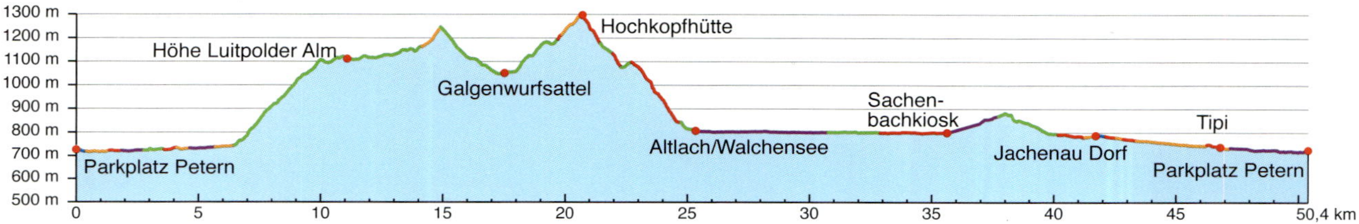

BEWERTUNG	MITTEL – SCHWER ▲▲
TECHNIK	▲▲▲▲△△
KONDITION	▲▲▲▲△△
FAHRSPASS	▲▲▲▲▲▲
LANDSCHAFT	▲▲▲▲▲△

CHARAKTER Diese mittelschwere Tour bietet alles, was ein Mountainbiker begehrt: eine angemessene Einfahrstrecke, teils steile, aber nicht zu lange Anstiege und fantastische Singletrails bis zum Walchensee.

TOURSTART Parkplatz Petern in der Jachenau.

SCHOTTERWEGVARIANTE Für Biker, die sich lieber von Trails fern halten, bieten sich der Rückzug vom Hochkopf über den Schotterweg bis Altlach sowie der Weg von Sachenbach nach Berg an.

EINKEHR Die Hochkopfhütte ist nicht bewirtschaftet. Sie kann aber über den Alpenverein gemietet werden. In Niedernach in der Waldschenke wird man von Schorsch und netten Jachnerinnen bewirtet oder man hält es bis Sachenbach aus. Die selbstgemachten Torten und Kuchen am Kiosk sind top.

DER ISAR-INDIANER Wen die Seele des Ortes interessiert, der kann sich auf ein fruchtbares Gespräch mit Hans dem „Indi" einlassen. Bei geschlossener Eingangsklappe des Tipis ist der Isar-Indianer nicht in unmittelbarer Nähe. Der Weise ist geduldig und kommt ein anderes Mal wieder. Hans ist von Mai bis Oktober in der Jachenau und nimmt gern Mokassin-Bestellungen entgegen.

ROADBOOK

KM 0,0 Von Petern durch das obere Jachental bis zum Tipi des Isar-Indianers. Dann arbeitet man sich 274 Höhenmeter durch den Wilfertsgraben hinauf. Luitpolder Alm links liegenlassen.

14,10 An der Kuppe Mitterberg/Rißer Hochkopf den Abzweig nach rechts (rote Markierung) und das Verbindungsstück zum Galgenwurfsattel wählen.

17,50 Am Galgenwurfsattel nach Nordwesten Richtung Hochkopf halten. Bis zur Hochkopfhütte (immer links halten) ist es mal extrem steil, mal flacher.

20,70 Direkt an der Alpenvereinshütte mit herrlichem Blick ins Karwendel, Wetterstein und Estergebirge, biegt der schnittige Trail rechts ab bis zum Fahrweg nach Wallgau. Hier rollt man immer Richtung Altlach, Walchensee hinunter und kürzt zwischendurch auf einen knackigen Trail ab.

22,30 Wieder auf dem Schotterweg, einige Meter bergauf, dann in den Trail entlang der Altlach (Gumpen und Wasserfälle) bis zum See abzweigen.

25,30 Diesen umrundet man ab Altlach (am Ostufer tolle Bademöglichkeiten) teils auf Asphalt oder Schotter, teils aber auch auf Singletrails bis zum Kiosk Sachenbach.

39,10 Kurz vor Ortsteil Berg, Wegweiser Fußweg Jachenau folgen. Dieser Trail ist verblockt und verwurzelt und hat einen wahren Trial-Charakter.

42,10 Von der Jachenau wählt man den Rad-Rundweg erst an der Laine, dann entlang der Jachen bis zum Tipi von Hans.

46,80 Der Karrenweg vom Tipi führt über die Jachen (bei Hochwasser untere Höfnerbrücke nutzen) durch Höfen und dann wieder Richtung Osten drei Kilometer zurück zum Parkplatz Petern.

50,41 Parkplatz Petern. Ende der Tour.

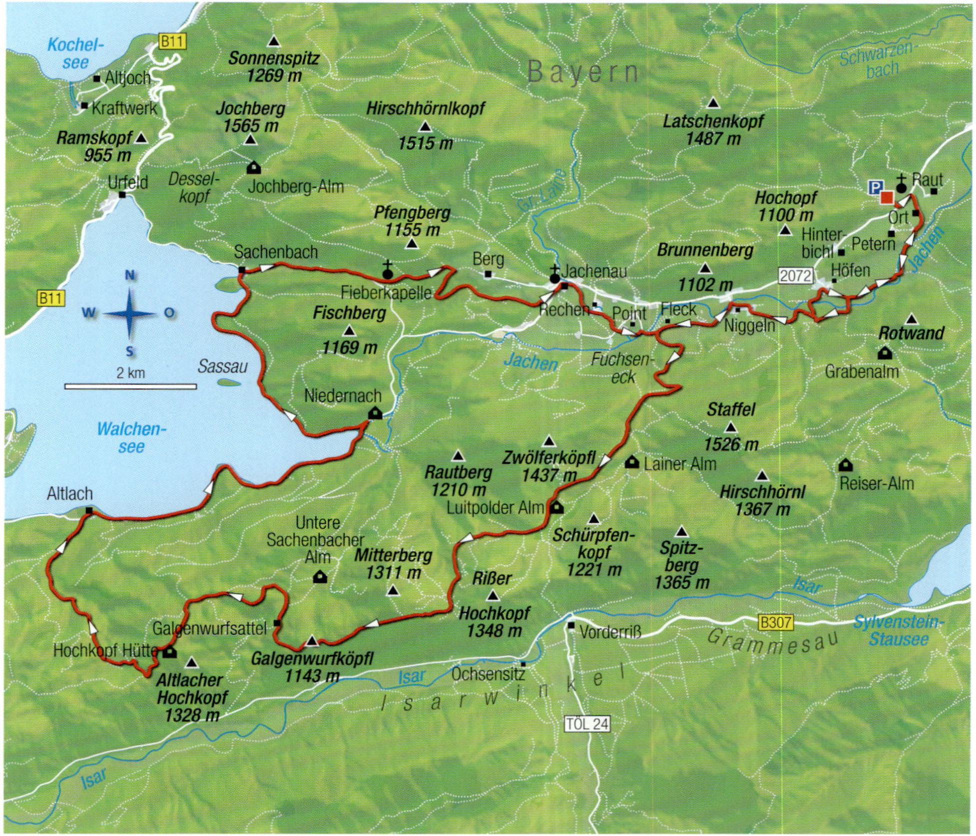

08 Freeride-Tour zum Büffel 13,7 km 718 hm 1:22 h

Der Gipfel des Staffel trumpft nach einer Bike- und Tragepassage mit einem atemberaubenden Rundumblick. Die sportliche Abfahrt ist abwechslungsreich. Der Steig gilt selbst unter Wanderern als Geheimtipp.

Unscheinbar thront der Staffel über Höfen und Niggeln im Herzen der Jachenau. An seiner Südflanke ruhen malerische Almen. Hans Rehm, Isar-Indianer, hat am Fuße des Berges seit über 30 Jahren sein Sommercamp, ein Tipi mit sechs Metern Umfang, installiert. Vor etwa 15 Jahren entwurzelte ein Orkan einen großen Teil des Waldes der Nordflanke. Hans sagt, die umliegenden Berge erinnern ihn an eine Herde Büffel. Mit dem Staffel als Leitbüffel im Verlust seines Winterfells an vorderster Stelle. Für mich gilt der 1532 Meter hohe Berg neben der Indianermystik auch als Hausberg, den ich gerne für meine sportlichen Aktivitäten nutze. Ich bewanderte ihn, machte meinen Berglauf hinauf, flog mit dem Gleitschirm vom Gipfel solo und tandem hinunter und fuhr die Nordflanke mit Ski und Snowboard ab. Auf die Idee, den Staffel mit dem Mountainbike zu entdecken, kam ich erst, als mir nach einem Berglauf verdächtige Spuren im Schlamm auffielen. Zwei Wege führen über die Staffel-Almen zum Gipfel hinauf, der eine von Westen, der zweite von Osten her. Der Westanstieg eignet sich für den Aufstieg. 45 Minuten biken und 30 Minuten Tragezeit ist natürlich eine kleine Kampfansage. Mein Motto: Erlesene Abfahrten kann man sich ruhig erarbeiten. In diesem Fall lohnt sich die überschaubare Plackerei. Nach dieser Tour sieht der Leser den unscheinbaren, aber doch dominanten Buckel in der Jachenau mit einem neuen Blick der Begeisterung – als Büffel!

HÖHENPROFIL Asphalt 0,0 km – asphaltierter Radweg 1,3 km – Schotter 4,9 km – Waldweg 3,1 km – Trail 4,0 km – Schieben 0,5 km **Bike & Hike**

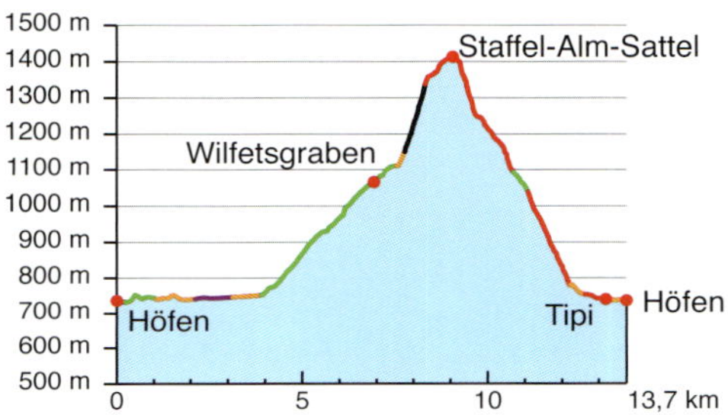

BEWERTUNG	SCHWER ▲
TECHNIK	▲▲▲▲▲▲
KONDITION	▲▲▲△△△
FAHRSPASS	▲▲▲▲△△
LANDSCHAFT	▲▲▲△△△

CHARAKTER Eine eher untypische, technisch schwere Tour für Biker, die gewillt sind, ihr Ross 30 Minuten auf luftige Höhen zu tragen. Ein Gipfelaufstieg von den Staffel-Almen ist nicht unbedingt nötig (die Gipfelabfahrt ist nur für reine Freerider zu empfehlen). Der Steig von den Almen bis nach Niggeln ist jedoch für sportliche Mountainbiker fast durchweg fahrbar (einige Freeride-Schlüsselstellen ausgenommen) und eine abwechslungsreiche Bereicherung.

TOURSTART Ostausfahrt Höfen vor der Schranke (kein offizieller Parkplatz, aber geduldet). Alternative: Parkplatz Jachenau Ort. Nach Gasthof Jachenau den Jachenau Rundweg wählen und in Fleck an die Tour anschließen.

BIKE & HIKE Von den Staffel-Almen sind es noch ca. 15 Minuten bis zum Staffel-Gipfel (mit oder ohne Bike: Der Rundumblick ist eine Wucht!).

DER ISAR-INDIANER Wer sich für die Seele des Staffels interessiert, der kann sich auf ein fruchtbares Gespräch mit Hans einlassen. Bei geschlossener Eingangsklappe des Tipis ist der Isar-Indianer nicht in unmittelbarer Nähe. Der Weise ist geduldig und kommt ein anderes Mal wieder.

ROADBOOK

KM 0,0 Von Höfen durch das obere Jachental, am Isar-Indianer vorbei bis Fleck, dann arbeitet man sich die sportlichen 274 Höhenmeter durch den Wilfetsgraben hinauf.

7,00 Die Lainer- und Luitpolder Alm lässt man rechts liegen und frisst noch einige Meter Höhe bis zum Steig Richtung Staffel.

7,60 Der Schotterweg geht in einen schmalen Gehweg über – von hier buckelt man, der roten Markierung folgend, sein Bike ca. 30 Minuten die Südwestflanke des Staffels hinauf, bis kurz unterhalb der Almen.

9,10 Ab den Staffel-Almen geht man noch ca. 15 Minuten mit oder ohne Bike auf den Gipfel. Die Abfahrt beginnt linkerhand des unteren Stadels Richtung Osten. Schon in der ersten Passage kitzelt der Trail technisches Fahrkönnen heraus. Im bewaldeten Teil zeigt sich der Steig von seiner flowigen Seite.

10,70 Nach einer kurzen Schotterwegüberbrückung sticht man in den unteren Trail-Abschnitt links Richtung Niggeln und Jachenau. Zwei Schlüsselstellen und viele flüssig zu fahrende Kurven weiter öffnet sich der Blick in die Jachenau oberhalb von Niggeln.

13,20 Vom Tipi überquert man die Jachen nach Höfen.

13,75 Parkplatz Höfen. Ende der Tour.

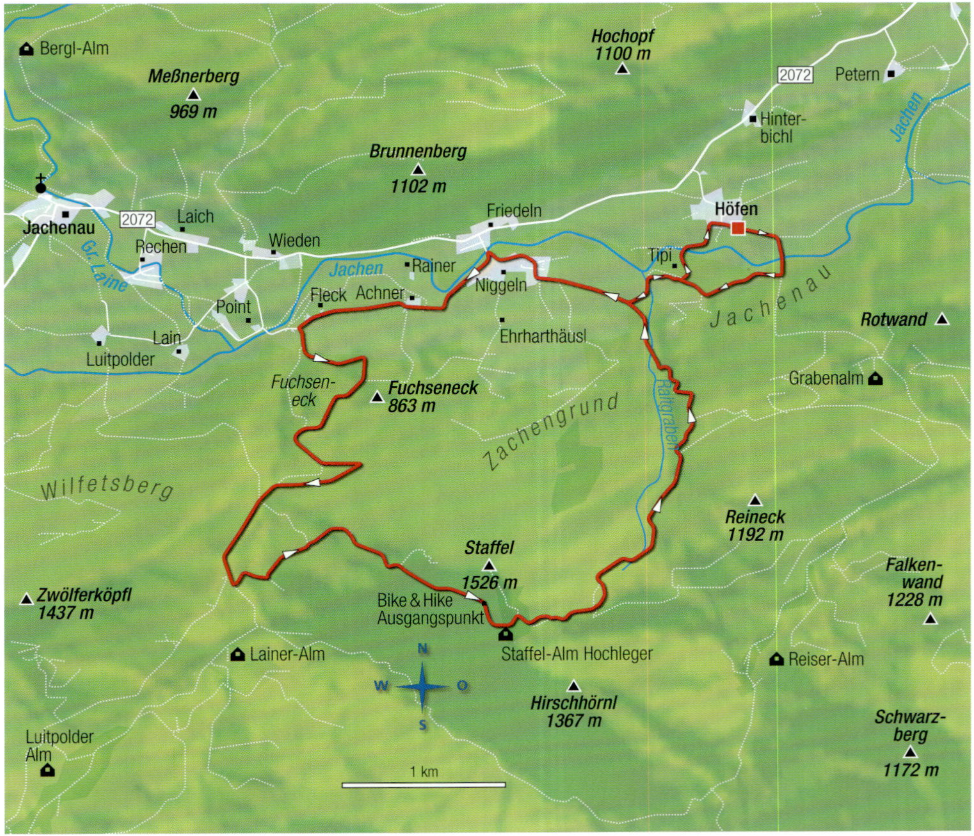

09 Schwammerl-Tour Paradiesköpfel 27,7 km 780 hm 2:46 h

Sommer in den bayerischen Alpen heißt auch „Schwammerlzeit". An feuchten, dampfigen Tagen sprießen die Pilze in den Wäldern. Mit dem Bike lassen sich die entlegensten Fundstellen leicht erreichen – eine Tour der besonderen Art.

Ein schlechter Ruf ist so schwer wegzubekommen, wie Kettenöl aus dem Trikot nach einer Bikereparatur. Im Sommer 2000 habe ich mit einer Mahlzeit selbst gepflückter Pilze die halbe Redaktion vergiftet. Drei Redakteure und zwei Grafiker mussten ins Krankenhaus. Das war mir eine Lehre. Zwei Jahre lang habe ich danach keine Pilze mehr angefasst, aber die Lern- und Suchleidenschaft hielt an. Heute, 12 Jahre später, kann ich ganz leckere Wildpilzgerichte zubereiten – ohne Nebenwirkungen. Nur in der Redaktion will von meinen gesammelten Pilzen keiner mehr was wissen. Ich bin gebrandmarkt fürs Leben! Nun werden wahre Pilz-Connaisseurs all dies nicht ganz ernst nehmen. Ein ungeschriebenes Gesetz unter Pilzsammlern heißt ohnehin: Verrate niemals deine Fundstellen! Doch ich mache es: Ich verrate tatsächlich meine persönliche Schwammerlrunde mit dem Mountainbike. Warum? Weil man Freuden teilen soll und weil ich es für einen Mythos halte, dass Pilze immer an der gleichen Stelle wachsen. Außerdem streift diese Tour durch nahezu unbekanntes und einsames Terrain. Wer einfach nur in Ruhe eine neue Trainingsrunde absolvieren möchte, kann den Isarwinkel von einer völlig anderen Seite entdecken. Für Pilz-Anfänger sollen die angegebenen Fundstellen als Anregung dienen, wo man welche Pilze finden kann. Ein kundiger Begleiter und ein Pilzbuch sind dabei unerlässlich. Das weiß ich nun wirklich aus erster Hand.

Für Pilzkenner ist die Runde jedenfalls ab Juli bis Oktober ein Garant für ein kleines, aber hoffentlich großartiges Schwammerlgericht. An Guad'n!

HÖHENPROFIL Asphalt 0,0 km – asphaltierter Radweg 2,3 km – Schotter 20,2 km – Waldweg 4,3 km – Trail 0,6 km – Schieben 0,2 km

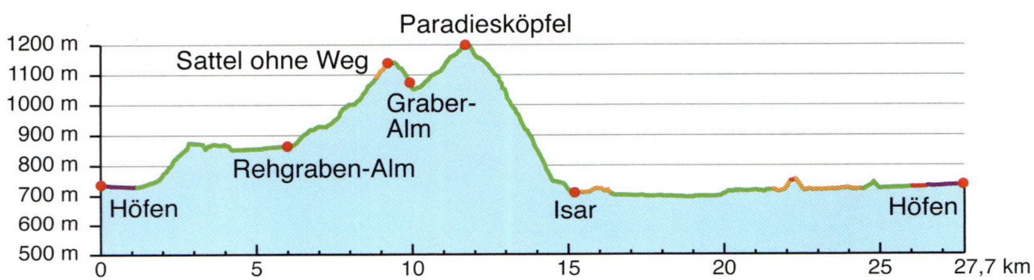

BEWERTUNG	MITTEL ▲
TECHNIK	▲▲▲△△△
KONDITION	▲▲▲▲△△
FAHRSPASS	▲▲▲△△△
LANDSCHAFT	▲▲△△△△

CHARAKTER Fahrtechnisch leicht erweisen sich die vielen Anstiege als mittelschwer. Zwischen Mitterkopf und Talkopf endet der Weg. Hier muss man einige Meter ohne Weg Richtung Graber-Alm überbrücken (auch ohne GPS leicht zu finden). Bedenkt man aber auch die Suchzeit im Unterholz des Waldes, so weiß man, was man nach der Tour am Paradiesköpfel getan hat. Ein Pilzragout mit Nudeln oder ein Steinpilzrisotto ist im Anschluss eine willkommene Entlohnung.

TOURSTART Ostausfahrt Höfen vor der Schranke (kein offizieller Parkplatz, aber geduldet). Alternative: Parkplatz Petern. Von der Bundesstraße rechts nach Ort und den Jachenau-Rundweg Richtung Jachenau wählen; an der oberen Höfenerbrücke an die Tour anschließen.

TOUR OHNE PILZE Wer eine neue, einsame Tour in den Isarbergen entdecken möchte, muss nicht nach Pilzen Ausschau halten. Die Strecke ist trotz der vielen Waldabschnitte abwechslungsreich. Die Isar, aber auch die Jachen (ab Höhe Leger) laden zum Baden ein.

HINWEIS Geländegängige Bikeschuhe, Pilzmesser, Bestimmungsbuch, großer Rucksack und Jutetasche nicht vergessen! Wer keine Pilze findet, kann im Gasthaus Zur Jachenau ein leckeres Schwammerlgericht zu sich nehmen.

ROADBOOK

KM 0,0 Vor der Schranke an der Ortsausfahrt in Höfen parken. Den ersten Stich hinauf Richtung Sylvensteinsee und Rehgraben muss man sich hart erkämpfen.
2,70 Auf den Köpfen (neue Hütte) mit Blick in die Jachenau biegt der Pilzsucher rechts ab, um im Nadelwald nach Röhrenpilzen und Reizger Ausschau zu halten. Dann weiter in den Rehgraben. Links und rechts verstecken sich ideale Feuchtböden, wo Pilze gut gedeihen. Selbst im Mischwald kann man an bestimmten Tagen auch Steinpilze finden.
6,10 Nach der Rehgraben-Alm nimmt man die Forststraße rechts hinauf. Der Buckel nennt sich Mitterkopf. Der Pilzkenner erkennt beim Fahren die potenziellen Stellen mit moosigem Waldboden. Hier und da leuchtet einem ein goldener Ziegenbart, ein heller Bovist, ein angefressener Täubling entgegen – bestes Zeichen, dass auch die Edelpilze nicht weit sein können.
8,80 Kurz vor dem Übergang zur anderen Talseite darf man den Abzweig vom Hauptweg auf einen Karrenweg rechts nicht verpassen (Hinweis: Wer Lenggries durch die Bäume immer öfter sehen kann, ist zu weit gefahren). Die steile und teilweise verblockte Auffahrt führt nach einem Buchenwald an eine Lichtung. Rechts halten zum Übergang.
9,20 Der Weg endet. Am Mitterkopf schiebt man ca. fünf Minuten oberhalb einer zweiten Lichtung fast eben, über Brätlinge oder Pfifferlinge stolpernd, Richtung Südosten und trifft automatisch auf einen Fahrweg, den man abfährt.
9,90 Zuerst an der Lichtung der Graber-Alm hinunter, dann auf der anderen Talseite wieder hinauf. Oberhalb der Graber-Alm lohnen sich die Abstecher zu Fuß in den Wald. Fliegenpilze sind giftig, aber wunderschön und auch ein Indiz für Steinpilze.
11,70 Vom unspektakulären Paradiesköpfel (Hexenröhr-

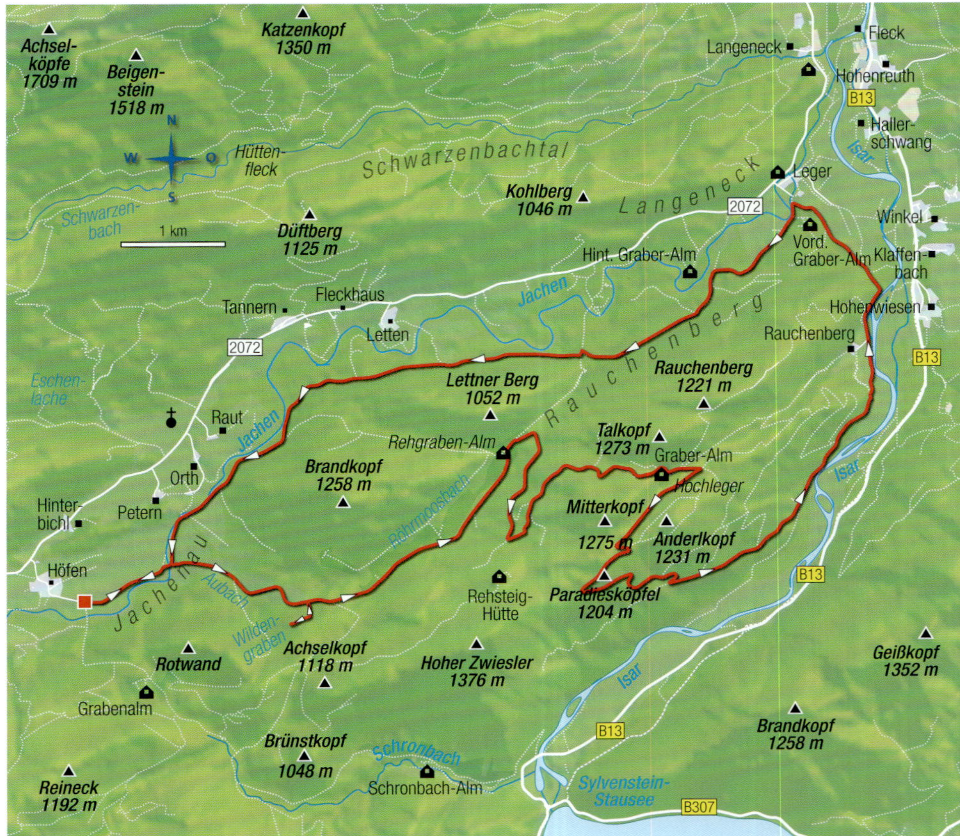

linge, Steinpilze, Reizger, Stoppelsemmelpilze – alles wächst hier) den sehr steilen Schotterweg bis an die Isar hinunter. Zwischen Sylvensteinsee und Lenggries fließt die Isar wild und naturbelassen – eine herrliche Abkühlung im Sommer. Dann weiter entlang der Isar.

18,70 Ab Leger hält man sich an der Jachen und fährt einen alten Jägersteig ca. 100 Meter steil hinauf zurück in die Jachenau. Im Spätsommer und Herbst findet man nicht selten an den Wald- und Wiesenrändern leckere Schopftintlinge, die man sowieso nur zu guter Letzt einpacken sollte, da sie sehr empfindlich sind.

27,72 Parkplatz Höfen. Ende der Tour.

10 Flussabenteuer Isarwinkel 61,9 km 879 hm 6:11 h

Von der Großstadt in einer Stunde in die pure Wildnis – von Lenggries aus bietet sich eine höchst abwechslungsreiche Tour für alle Könnensstufen: in die Jachenau und über die Isarberge hinunter zum urwüchsigsten Fluss Deutschlands.

An die Obere Isar gelangt man direkt von Lenggries stromaufwärts durch eines der schönsten Täler Deutschlands. Der ausgewählte Weg war vor einigen Jahren ein absoluter Geheimtipp. Ein kleiner Jägersteig führt direkt oberhalb der Isar in die Jachenau. Von der Luitpolder Alm bietet sich die extreme Freeride-Vaiante über das Kanapee an die Isar oder die längere Anfahrt über den Galgenwurfsattel. Was kaum jemand weiß: Isar und Rißbach, beides Wildbäche aus dem Karwendel, werden seit den 1920er- und 1930er-Jahren zur Stromerzeugung unterirdisch in den Walchensee abgeleitet. Die Isar-Überleitung führt von Wallgau nach Niedernach. Die Rißbach-Überleitung unterquert erst die Isar und fließt dann fast direkt unter dem Galgenwurfsattel (Hochkopfstollen) 3,5 Kilometer bis Niedernach. Man biked also fast direkt über dem Rißbach – schöner wäre daneben. Glücklicherweise muss seit 1990 eine Mindestmenge an Wasser im ursprünglichen Flussverlauf der Oberen Isar verbleiben. Nach der herrlichen Abfahrt über den vergessenen Jägerreitsteig König Maximilians, kann die Isar, zwar durch den Sylvensteinstausee reguliert, in ihrer Herrlichkeit bis Lenggries zurück genossen werden. Die Flussüberquerung vor Lenggries ist nur für Abenteurer geeignet. Bei Hochwasser beachten, dass manche Passagen überflutet werden. In diesem Fall die Bundesstraße als Notlösung wählen. Die Überquerung (nur im Sommer und Herbst, auch wegen der Vogelbrut) bei normalem Wasserstand (ideal: Niedrigwasser) durchführen. Flussläufe ändern sich. Ideale Übergänge suchen (flach, also knöcheltief, mit möglichst wenig Strömung). Der ausgewählte Wegpunkt dieser Tour ist generell passierbar. Im Zweifel den Radweg an der Straße bis nach Lenggries zurück fahren. Tipp: Bei Niedrigwasser das Bike buckeln. Herrscht mehr Wasserdruck, das Bike als Stütze im Wasser rollen, mit den Fußspitzen zur Strömung Stück für Stück vorarbeiten.

HÖHENPROFIL Asphalt 8,6 km – asphaltierter Radweg 9,6 km – Schotter 25,3 km – Waldweg 12,5 km – Trail 5,8 km – Schieben 0,1 km

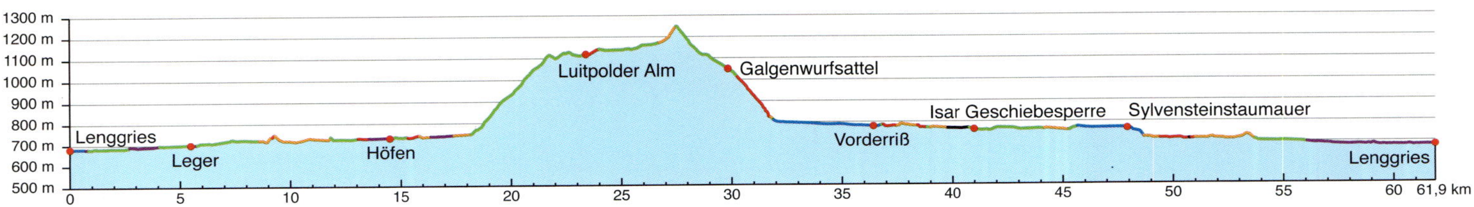

BEWERTUNG	SCHWER ▲
TECHNIK	▲▲▲▲▲△
KONDITION	▲▲▲▲▲△
FAHRSPASS	▲▲▲▲▲△
LANDSCHAFT	▲▲▲▲▲▲

CHARAKTER Wer diese mittelschwere Tour fährt, muss mit nassen Füßen rechnen. Spätestens bei der Überquerung der Isar zwischen Sylvensteinstaumauer und Lenggries wird's spannend. Bei aller Abenteuerfreude bitte den Hausverstand benutzen und keine unnötigen Gefahren (Hochwasser) eingehen. Einige der Trails sind dann nicht passierbar.

TOURSTART Am Bahnhof Lenggries direkt am Radgeschäft Radl Rasti.

PARKEN Am besten am Parkplatz auf der Westseite des Bahnhofs, auf der anderen Seite der Gleise, parken.

MIT DER BAHN Von München ist Lenggries leicht mit der BOB (Bayerische Oberlandbahn) zu erreichen. Für das Bike gibt es Stauraum, man muss dafür eine Karte ziehen.

EINKEHR Leitpolder Alm, Gasthof Post in Vorderriß. Café Leger in Leger. Lenggries: Das beste Eis weit und breit gibt's im Eiscafé Cortina (neben dem Kirchplatz).

ROADBOOK

KM 0,0 Vom Lenggrieser Bahnhof schlängelt man sich Isar-aufwärts und kann schon die Schönheit dieses Wildflusses erspähen.

4,10 Der Radweg führt ab Langeneck weg von der Isar, entlang der Jachen bis Leger.

8,60 Bei der Kreuzung zum Rehgraben geradeaus an der Jachen bleiben und über einen Jägersteig (steiler 100-Meter-Stich) hinauf und in die Jachenau fahren.

13,10 Ab der Petern-Brücke dem großen Jachenauer Rundweg bis zur Auffahrt zur Lainer- und Luitpolder Alm (Fleck) folgen.

23,40 An der Luitpolder Alm kann man den Wasserhaushalt und das Kaloriendefizit mit einer Apfelschorle und Brotzeit regulieren, um mit Elan die Isarberge zu durchqueren.

29,80 Am Galgenwurfsattel schlängelt man sich einen graswachsenen Jägersteig ins obere Isartal hinunter.

36,80 Ab Vorderriß (Einstieg rechts am Kinderferienheim) lädt der erste Isar-Trail (leicht) bis zur Sylvensteinbrücke zur Entdeckung ein.

48,70 Unterhalb der Sylvenstein-Staumauer nach dem Kanuten-Parkplatz folgt der zweite Isartrail (leicht, aber oft durch niederes Gestrüpp).

50,80 Den Isarübergang nur bei normalen Wasserstand wagen. Von dort an der Isar über die Rauchenberger Höfe nach Leger und den Radweg nach Lenggries zurück wählen.

61,88 Lenggrieser Bahnhof. Ende der Tour.

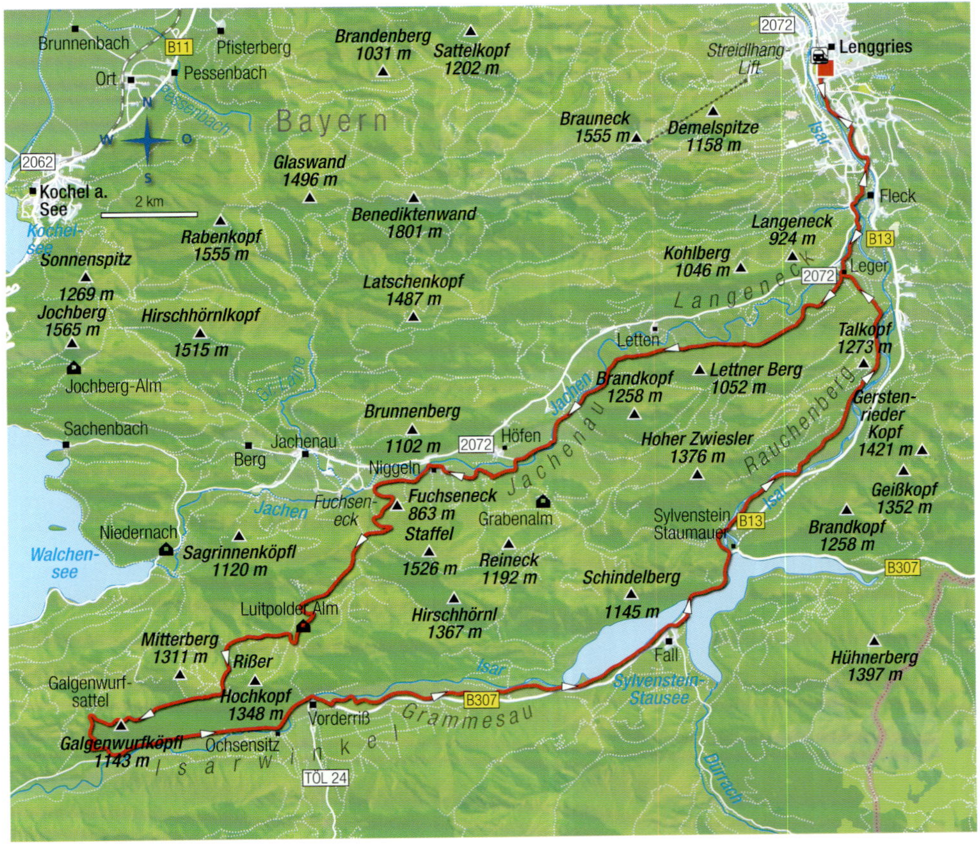

11 Lenggries-Walchensee-Tour 59,5 km 1.064 hm 5:57 h

Die nicht stark frequentierte Rundtour um die gesamte Jachenau – erst an den Südflanken der Benediktenwand, dann an den Isarbergen entlang – toppt man mit einem Sprung in den herrlichsten und größten Bergsee Deutschlands.

Der Walchensee ist vor allem an seinem Ostufer, das nur zu Fuß oder mit dem Bike zu erreichen ist, einer der schönsten Seen in Deutschland. Außer dem Rettungsboot der DLRG darf ihn kein Fahrzeug mit Motor verschmutzen (Trinkwasserqualität). Auf einer Höhe von knapp 1000 Metern gelegen bleibt er auch an den heißesten Sommertagen wohltuend frisch (16 bis 20 °C). An sonnigen Tagen weht zudem immer eine an das Meer erinnernde Thermik durch alte und seltene Baumarten. Im Herbst ziehen dann die unglaublichen Farben der alten Buchen längs des Ufers jeden Naturliebhaber in den Bann. Die Krönung ist eine vorausgehende Mountainbike-Tour. Wer autofrei bleiben möchte, hat mit der BOB (Bayerische Oberlandbahn) nach Lenggries die beste Verbindung. An der Südseite der Benediktenwand schlängelt sich klammheimlich der Schwarzenbach entlang. An diesem Bach könnte man Stunden verbringen, um entlegene Gumpen zu entdecken, ein idyllisches Picknick zu machen, Pilze und Beeren zu sammeln. Aber auch der Sportlergeist ruft. Ab der Raut-Alm wartet schon die erste Trail-Prüfung zurück in die Talsenke, mit anschließender Tragepassage und einem extrem steilen Stich hinauf auf den Langenecksattel. Belohnt wird die Anstrengung mit einem herrlichen Jäger-Trail bis ins Reichenautal hinunter. Abseits der Zivilisation erreicht man über Waldwege Sachenbach am Walchensee.

HÖHENPROFIL Asphalt 2,64 km – asphaltierter Radweg 18,1 km – Schotter 29,7 km – Waldweg 1,7 km – Trail 7,1 km – Schieben 0,2 km

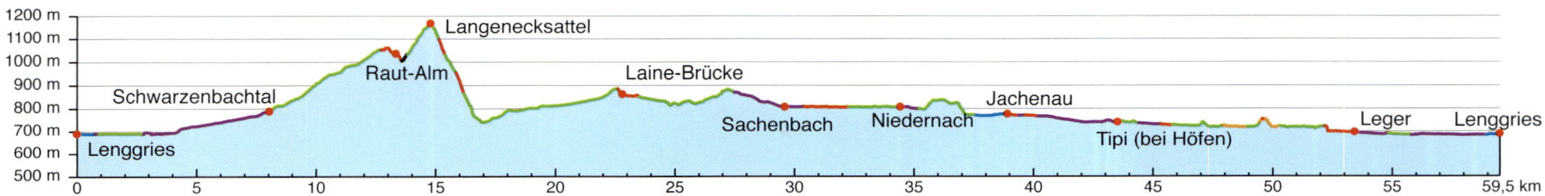

BEWERTUNG	MITTEL ▲
TECHNIK	▲▲▲△△△
KONDITION	▲▲▲▲▲△
FAHRSPASS	▲▲▲▲▲▲
LANDSCHAFT	▲▲▲▲▲△

CHARAKTER 60 Kilometer sind kein Pappenstiel. Der steile Anstieg mit kurzer Tragestrecke am Langenecksattel und diverse steile Stiche auf dem Rückweg machen die Tour mittelschwer. Die abgelegene, abwechslungsreiche Route abseits der Zivilisation machen die Tour sehr spannend. Ein Highlight für Ortskundige wie Neuankömmlinge.

TOURSTART Am Bahnhof Lenggries direkt am Radgeschäft Radl Rasti.

PARKEN Am besten am Parkplatz auf der Westseite des Bahnhofs, auf der anderen Seite der Gleise, parken.

PARKEN Von München ist Lenggries leicht mit der BOB (Bayerische Oberlandbahn) zu erreichen. Für das Bike gibt es Abstellplätze, man muss dafür eine Karte ziehen.

EINKEHR Sachenbachkiosk, Waldschenke in Niedernach, Gasthof Zur Jachenau oder das Schützenhaus.

ROADBOOK

KM 0,0 Vom Bahnhof geht's auf dem Isartrail über die Bretonenbrücke bis Wegscheid.

4,10 Ab Langeneck quert man die Bundesstraße und biked meist flach das Schwarzenbachtal hinauf.

13,30 Ab der Raut-Alm steiler Trail bis zum Schwarzenbach hinunter und anschließend kurze Tragepassage bis zur Orterer-Alm hinauf.

13,80 Ab der Orterer-Alm steile Rampe bis zum Sattel.

15,50 Nach der zweiten Kehre unterhalb des Langenecksattels den Einstieg in den Jägersteig nicht verpassen. Dieser überquert immer wieder den Hauptweg und endet im Reichenautal (Jachenau).

16,90 Kurz vor dem Parkplatz Petern rechts den Radweg durch das Reichenautal bis zum Lainetal wählen.

22,60 Abzweig links hinunter zur Großen Laine Richtung Jachenau Dorf. Nach der Brücke zieht sich ein lustiger Waldtrail bis zu einer Lichtung.

24,80 Nach den Brunnenmooswiesen den Schildern Richtung Berg, dann Richtung Sachenbach folgen.

29,60 Von Sachenbach am Ostufer bis Niedernach biken und den alten Radweg bis Jachenau Dorf wählen.

38,90 Nach dem Gasthof Zur Jachenau dem großen Jachenauer Rundweg bis zur unteren Höfnerbrücke folgen.

44,20 Ab der unteren Höfnerbrücke rechts an der Jachen entlang bis Höhe Letten, dann den Jägersteig am Lettnerberg fahren.

53,40 Ab Leger dem Radweg Richtung Lenggries folgen und an der Bretonenbrücke links der Isar bis zur Lenggrieser-Brücke.

59,51 Bahnhof Lenggries. Ende der Tour.

12 Genusstour zum Schronbach 32,2 km 436 hm 3:13 h

Wie im Bilderbuch liegen zwei Hochtäler eingebettet in den Isartaler Bergen. Diese Täler zählen zur Rauchenbergumrundung und beglücken den Biker mit einmaligen Gumpen und lieblichen Wäldern.

Nur der Isarwinkel bietet auf so kurzer Distanz so viel Abwechslung: Diese kurze Runde startet in Lenggries und schlängelt sich durch die Isarauen mit ihren wildromantischen Kiesbänken. Seit Jahrhunderten lassen sich viele Künstler von dieser Landschaft inspirieren. Darunter nicht nur Maler, wie man zum Beispiel am keltischen Steinkreis bei Langeneck erkennen kann. Manchmal ist sich aber auch die Natur selbst Künstler genug. Verschwenderisch gießt sie das Grün über die Täler und Baumkronen und setzt azurblaue Enziantupfer in die satten Wiesen und Almen. Verhält man sich eine Weile ganz still im Wald, kann es passieren, dass ein Hirsch durchs Bild stakst oder ein Auerhahn über eine Lichtung huscht. Das kann nur bedeuten, dass die Natur hier besonders intakt ist – und als Mensch kann man gar nicht anders, als sich hier entsprechend harmonisch einzufügen.

Ganz besonders schön sind die Gumpen im Bachbett des Hochtals direkt über dem Sylvensteinspeicher. Wie Juwelen liegen sie da und warten nur darauf, dass man reinspringt. Kleine Wasserfälle sprühen wie Silbervorhänge zwischen sattem Grün und übergießen das Naturgemälde mit frischem Glanz. Ein gläubiger Mensch würde sicher sagen: Hier zeigt Gott seine Handschrift. Der Schronbach mit seinen Gumpen (Naturdenkmal) macht jeden Hartgesottenen zum Romantiker, verzaubert Gemüter, entlockt ein Lächeln. Reinigt. Diese Tour ist nicht einfach nur ein kurzer Abstecher, sondern eine Genussroute der Ein- oder Zweisamkeit. Kurz, aber gleichzeitig unendlich. Man muss nicht spirituell veranlagt sein, um die weiche Energie des Hochtals und Bächleins (Yin) zu erspüren und kurz darauf, auf dem Rückweg, die knackige Härte der Isar (Yang) zu genießen. Om!

HÖHENPROFIL Asphalt 2,1 km – asphaltierter Radweg 12,2 km – Schotter 14,5 km – Waldweg 0,7 km – Trail 2,9 km – Schieben 0,0 km

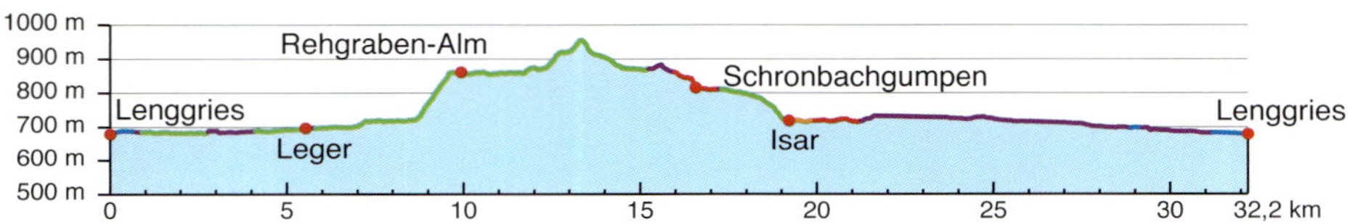

BEWERTUNG	LEICHT ▲
TECHNIK	▲▲△△△△
KONDITION	▲▲△△△△
FAHRSPASS	▲▲▲▲△△
LANDSCHAFT	▲▲▲▲▲△

CHARAKTER Wer diese eher leichte Tour fährt, kann am Schluss mit nassen Füßen eine Variante über die Isar planen. Bei aller Abenteuerfreude aber bitte den Verstand benutzen und keine unnötigen Gefahren (Hochwasser) eingehen.

TOURSTART Am Bahnhof Lenggries direkt am Radgeschäft Radl Rasti.

PARKEN Am besten am Parkplatz auf der Westseite des Bahnhofs, auf der anderen Seite der Gleise, parken.

MIT DER BAHN Von München ist Lenggries leicht mit der BOB (Bayerische Oberlandbahn) zu erreichen. Für das Bike gibt es bestimmte Abstellplätze in den Wagons, man muss dafür eine spezielle Fahrrad-Karte ziehen.

EINKEHR Café Landerermühle in Leger. Bestes Eis weit und breit: Eis Café Cortina (neben dem Kirchplatz in Lenggries).

HINWEIS Neben dem Hochwasser den Naturschutz beachten.

ROADBOOK

KM 0,0 Vom Lenggrieser Bahnhof wählt man den Isartrail zur Bretonenbrücke, dann weiter über Langeneck nach Leger.

8,60 An der ersten Kreuzung im Wald hinter Leger folgt man den Schildern Richtung Jachenau. Der Stich in den Rehgraben und zur Rehgraben-Alm ist sehr steil. Dann rollt man gemächlich durch das Hochtal bis zum Abzweig Sylvenstein und einige Höhenmeter weiter hinauf.

14,50 Einsam, aber nicht verlassen, folgt man im Wildengraben dem idyllischen Bachbett des Schronbachs bis zum ersten Abzweig.

14,80 Den Abzweig nach rechts fahren und rechter Hand des Bachbetts bleiben. Dieser Weg wird zum Trail. Links kann man immer wieder die Gumpen des Schronbachs bewundern.

16,60 An der Lichtung der Schronbachgumpe (oberhalb der Schronbach-Alm) hält man sich am Bachbett bis zur Alm.

17,30 Von der Schonbach-Alm rollt man den Schotterweg bis zur Isar hinunter.

19,20 Am Kanuten-Parkplatz rechts der Isar fängt der Isar-Trail an (zuerst als Rettungsweg der Wasserwacht, dann als kleiner, gewundener Pfad).

21,30 Der Isartrail endet nahe der Bundesstraße kurz vor der Übergangsbrücke für Radfahrer. Von hier auf dem asphaltierten Radweg bis Lenggries weiter fahren.

32,20 Lenggrieser Bahnhof. Ende der Tour.

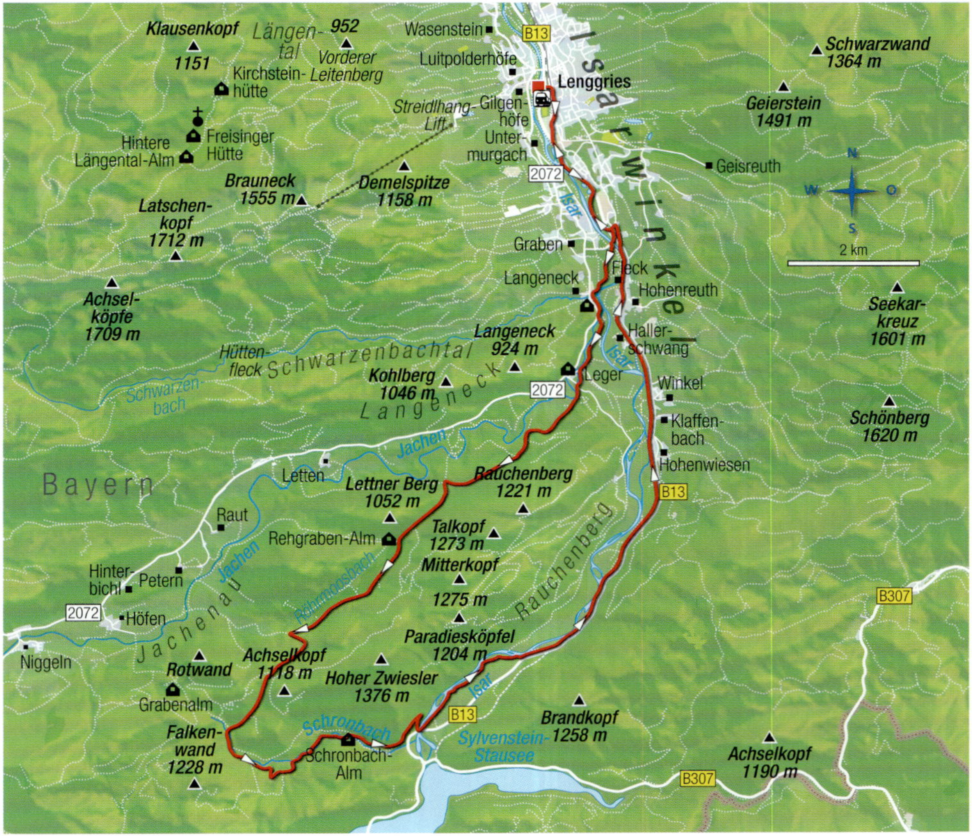

13 Schwarzenbachtal in die Jachenau 33,2 km 813 hm 3:19 h

Es gibt drei Wege in die Jachenau: über das Röhrlmoostal, den Jägersteig an der Jachen entlang und die sportliche Variante übers Schwarzenbachtal mit einem neu veröffentlichten Trail nach Petern.

Der Ort, an dem man den Schwarzenbach überqueren muss, wirkt schroff, aber nicht abweisend, ist unberührt, aber nicht verlassen, scheint spektakulär in seiner Schlichtheit. Es ist mein Ort und für mich einer der schönsten, kleinen Flecken der Erde. Jedes Mal, wenn ich hier vorbeikomme, verweile ich mit meinem Bike ein paar Minuten, lausche dem Bach, atme tief und bewusst ein und sauge dieses kleine Paradies ganz in mich auf. Für jeden anderen ist es vielleicht nur eine Talsenke mit einem kleinen, wilden Bachbett, das zum Absteigen zwingt. Ich kann mir mein Entzücken nur so erklären: Die Tour durchs Schwarzenbachtal hinauf zum Langenecksattel und hinab über einen Jägersteig (übrigens ein echter Geheimtipp) gehörte jahrelang zu meinem Heimweg von Lenggries in die Jachenau. Nach dem Alltagsstress war der Ort, an dem man das Bachbett überqueren muss, der Ort, an dem ich mich in eine andere, wilde Welt versetzt fühlte. Rechts und links steile, schützende Berghänge, der harzige Duft des Fichten- und Tannenwaldes und das friedvolle Plätschern des klaren Gebirgsbachs, das alle Sorgen zerfließen ließ. Mit dem Schweiß beim sehr steilen Aufstieg auf den Langenecksattel schüttelte ich dann die letzten Tropfen Alltag von mir und war bereit fürs neue Glück. Das hieß und heißt heute noch für mich – und jetzt auch für euch: Petern-Trail.

HÖHENPROFIL Asphalt 3,1 km – asphaltierter Radweg 9,6 km – Schotter 18,3 km – Waldweg 0,5 km – Trail 2,0 km – Schieben 0,2 km

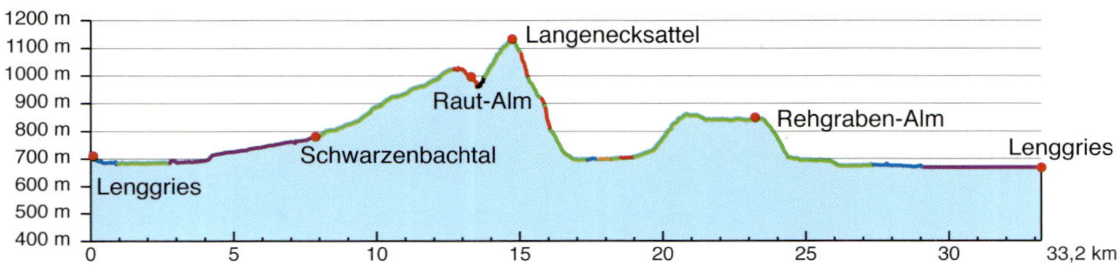

BEWERTUNG	MITTEL ▲
TECHNIK	▲▲▲▲△△
KONDITION	▲▲▲▲△△
FAHRSPASS	▲▲▲▲△△
LANDSCHAFT	▲▲▲△△△

CHARAKTER Die Runde in die Jachenau ist konditionell mittelschwer. Dennoch ist der letzte Stich hinauf auf den Langenecksattel sehr steil, der Steig nach der Raut-Alm fahrtechnisch schwer. Vom Schwarzenbach Richtung Orterer-Alm muss man etwa fünf Minuten schieben und tragen. Der Trail hinunter nach Petern ist ein Highlight.

TOURSTART Am Bahnhof Lenggries, dort gibt es auch ausreichend kostenlose Parkmöglichkeiten auf der Westseite des Bahnhofs.

EINKEHR Café Landerermühle in Leger. Bestes Eis weit und breit: Eis Café Cortina in Lenggries (neben dem Kirchplatz).

ROADBOOK

KM 0,0 Vom Bahnhof Lenggries geht es Richtung Süden auf dem Radweg isaraufwärts. Diesem folgt man bis über die Bretonenbrücke, weiter Richtung Jachenau bis Langeneck.
4,10 Ab Langeneck zieht sich der Radweg durchs Schwarzenbachtal angenehm flach ins Tal hinein.
12,80 Zur Raut-Alm und weiter hinunter an den Schwarzenbach hat man dann den ersten, schönen Trail – Sattel absenken hilft! Die anschließende Schiebe- und Tragepassage in Richtung Orterer-Alm ist nicht lang.
13,80 Die Auffahrt zum Langenecksattel ist zwar nicht allzu lang, aber mit ihren Rampen bis zu 25 Prozent doch sehr anspruchsvoll.
14,70 Der erste Trail-Einstieg versteckt sich direkt hinter dem Baum, an dem der Wegweiser nach Petern angeschlagen ist. Das Wegerl kürzt nun immer wieder die steile Forststraße ab. Die Einstiege sind nicht immer leicht zu erkennen, aufpassen! Nach der Trail-Sause rollt man die letzten Meter bergab auf der Forststraße.
17,40 Am Peterner Parkplatz biegt man rechts auf die Straße und gleich wieder links nach Petern ab. Kurz vorm Hof wählt man links den Karrenweg, der an die Jachen und über die Peterner Brücke führt. Dann gleich rechts an der Jachen zur Höfnerbrücke und dort links zum Röhrmoostal hinauf.
23,30 Nach der Rehgraben-Alm führt der Graben recht steil wieder hinunter zur Jachen. Im Tal dann den Radweg flach nach Leger und zurück zum Bahnhof Lenggries fahren.
33,22 Bahnhof Lenggries. Ende der Tour.

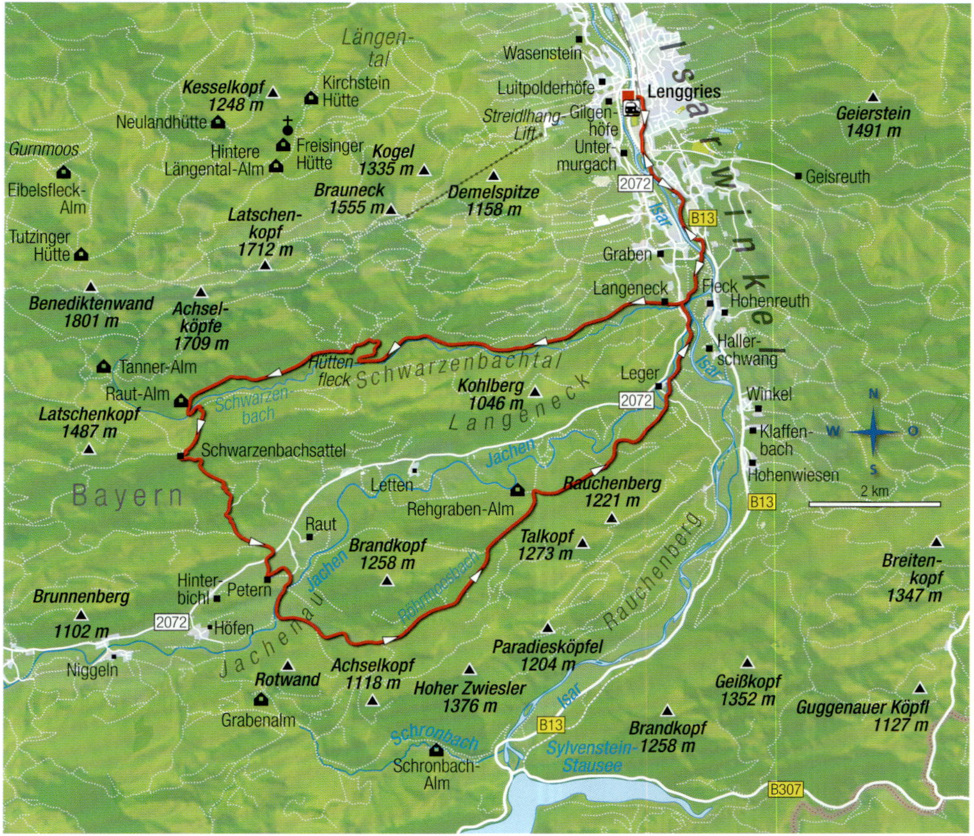

Info Benediktenwandgruppe bis Bad Tölz

Im Süden steht stolz das Benediktenwandmassiv, im Norden grenzen die Weiten des Tölzer Voralpen- und Seenlandes das dicht bewaldete Gebiet der Kocheler Berge ein. Die bayerischen Vorzeigeflüsse Isar und Loisach bilden den Ost-West-Rahmen – hier will man biken!

Land der Gegensätze: Der Wildfluss Isar, mit seinen urwüchsigen Kiesbuchten und die verträumte Moorlandschaft des Loisachtals zwischen Kochelsee über Benediktbeuern bis Bad Tölz bieten für Biker Trail-Leckerbissen, aber vor allem auch Sehenswürdiges der Flora (einzigartige Bäume) und Fauna (Steinadler, Steinböcke, Dachse und bei Regen Feuer- und Alpensalamander). Die Wälder zwischen den beiden Tälern sind weitläufig und meist menschenleer, auch wenn sie von einem dichten Wegenetz durchzogen sind. In den 1970er-Jahren wurden zwischen der Benedikten- und Probstwand wieder Steinböcke angesiedelt. Mit Glück sieht man sie auf Felsen ruhend bei einer Benewandbesteigung.

GEBIETSINFO

» ANFAHRT Über die A95 Richtung Garmisch, Ausfahrt Wolfratshausen (B11), Ausfahrt Sindelsdorf (B472).

» MIT DER BAHN Die Deutsche Bahn fährt stündlich über Tutzing (einmal umsteigen) nach Benediktbeuern und Kochel. Fahrradtageskarte: 5 Euro. Infos: www.bahn.de. Mit der BOB nach Lenggries, siehe Infokasten Gebiet 1.

» BIKE-SHOPS
Arzbach: Do schau her: Noble Marken hat Sepp Willibald in seinem urigen Shop. Beim Chef und seiner fachkundigen Crew findet man immer ein offenes Ohr. Marken: Specialized, Cannondale, Rocky Mountain, Cube. Infos: www.doschauher.de.
Bad Tölz: Zweirad Riedelsheimer: das traditionsreiche Fahrradgeschäft in der Nähe des Tölzer Bahnhofs. Die Werkstatt bietet fachkundigen Service für die neuesten Errungenschaften. Marken: Scott, Steppenwolf, Orbea. Infos: www.zweirad-riedelsheimer.de, Schlauchautomat. Velo Rapid: Der Shop im Zentrum von Bad Tölz ist relativ neu und von daher auch auf dem aktuellen Stand der Technik. Marken: Ghost, Trek. Tel. 08041/7956241.
Benediktbeuern: Radl-Shop-Weissenbacher: Der kleine Shop besticht durch seinen freundlichen und fachkundigen Service. Marken: Specialized, Lapierre, Centurion. Infos: www.radl-shop-weissenbacher.com

» ESSEN UND SCHLAFEN
Bad Tölz: • Einbachmühle (gute und ausgefallen Küche) • Kesselhaus (einfach und gut) • Tapas Bar • Gasthaus La Coccinella (bester Italiener) • Zantl (urige Wirtschaft, tolle Terrasse) • Wok Inn (asiatisches Fastfood)
Unterkünfte: Bad Tölz: • Beindlhof (Wohnen am Bauernhof, www.beindlhof.de) • Zantl (einfache Zimmer im Stadtkern, www.gasthof-zantl.de)
Bad Heilbrunn: • Da Luca (gute Pizza) • Café Ramsau (toller Biergarten) • Café Kolb (tolle Lage)
Benediktbeuern: • Klosterstüberl (schöner Biergarten) • Otti's Eiscafé (schnuckelig) • Il Ritrovo (super Pizza)
Unterkünfte: • Kloster Benediktbeuern, www.kloster-benediktbeuern.de • Kretzenhof (Ferienwohnungen), www.kretzenhof.de • Wohnmobilstellplatz (am Sportzentrum (7 Euro/Nacht)

14 Zwiesel – mein Liebling und ich 25,4 km 803 hm 2:32 h

Die zünftige Auffahrt von Benediktbeuern auf den „kleinen Zwieselberg" weckt große Gefühle. Der runde Gipfel berauscht die Sinne, der Singletrail hinab ins Tal macht süchtig und glückstrunken – einfach zum Verlieben!

Es ist ein kleiner Berg, der Zwiesel, er misst gerade mal 1348 Meter, aber in meinem Biker-Herzen er ist groß. Nur einen Steinwurf vom Familientreff Blomberg entfernt, geht es hier deutlich ruhiger und beschaulicher zu. Der Blick in die Benediktenwand hinein ist einmalig. An kühlen Herbsttagen brennt die Sonne hier oben noch herrlich auf den Buckel. Das braune Gras am Gipfelkreuz lädt zum Träumen ein, während unten das Nebelmeer mit seinen dicken Wogen das Land mit nassem Grau überschwemmt. Mein Tipp für schöne Momente der Ruhe und Gelassenheit: Bei Hochdrucklage Schlafsack einpacken, denn gerade wenn die Gipfelgeher auf dem Heimweg sind, kann man das Abendlicht einsaugen. Kein Mensch ist dann mehr hier oben, nur Dohlen, Kolkraben und Bussarde. Und wenn die Strahlen der Morgensonne wie sanfte, mütterliche Hände das müde Gesicht streicheln, dann fühl ich sie, diese Zweisamkeit: der Berg und ich, mein Liebling und ich. Kurz zur Tour: Die kernige Kletterpartie von Benediktbeuern aus verlangt kräftige Waden. Eine leichtere Variante ist die Auffahrt über den Blomberg (Tour 17). Die Abfahrt ist für den Trail-Biker wie ein Valentinsgeschenk seiner Liebsten: Der Steig ist abwechslungsreich durch Wald und Wiese, flowig, anspruchvoll, technisch, schnell und eine Talfahrt der Superlative. Unten in der Zivilisation bleibt einem dieses tiefe und unbeschreibliche Gefühl erhalten, wie es nur Verliebte kennen.

HÖHENPROFIL Asphalt 4,3 km – asphaltierter Radweg 5,2 km – Schotter 11,2 km – Waldweg 0,6 km – Trail 3,7 km – Schieben 0,4 km

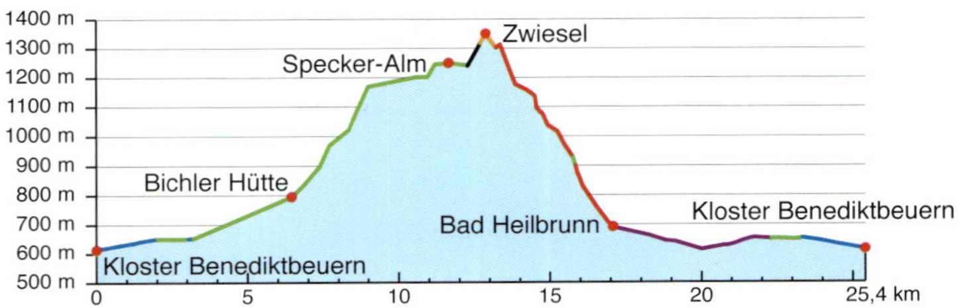

BEWERTUNG	SCHWER ▲
TECHNIK	▲▲▲▲▲▲
KONDITION	▲▲▲▲△△
FAHRSPASS	▲▲▲▲▲△
LANDSCHAFT	▲▲▲△△△

CHARAKTER Die Auffahrt zum Zwiesel über das Steinbachtal und den Fahrtkopf ist knackig und erfordert eine sehr solide Kondition. Da kommt die kurze Schiebepassage zum Gipfel hinauf – fünf bis zehn Minuten – eher gelegen. Die Abfahrt übers Stallauer Eck weist neben flowigen Abschnitten im oberen Teil mitunter auch sehr schwere Passagen auf und verläuft ein kurzes Stück etwas ausgesetzt am Hang entlang. Eine gute Fahrtechnik sollte man schon mitbringen. Der Zwieselgipfel bietet grandiose Blicke in die direkt gegenüberliegende Benediktenwand, ins Karwendel und Wetterstein sowie ins Fünf-Seen-Land nach Norden.

TOURSTART Am Kloster Benediktbeuern sind ausreichend Parkmöglichkeiten vorhanden.

EINKEHR Pizzeria Da Luca im Bierhäusel in Bad Heilbrunn.

HINWEIS Alternativ zur Auffahrt von Benediktbeuern kann man die Tour auch deutlich abkürzen, indem man vom Blombergparkplatz aus losfährt (siehe Tour 17) und dann oben den ersten beschilderten Abzweig rechts zum Zwiesel nimmt; von Bad Heilbrunn zurück zum Blomberg ist es entlang des Radwegs auch nicht weit.

ROADBOOK

KM 0,0 Von Benediktbeuern aus geht es durchs Dorf und über den Oberjägerweg und den Hinterholzweg beschaulich Richtung Nordosten über die Wiesen an den Ortsrand von Bichl. Vom Schwimmbad dann entlang des Steinbachs in Richtung Auffahrt, den Wegweisern Richtung Blomberg und Zwiesel folgend.

6,50 Von der Bichler-Hütte weg führt die Forststraße nun links recht steil nach oben, etwa 400 Höhenmeter bleibt es auch so. Danach wird die Straße deutlich flacher, und hin und wieder kann man jetzt schon mal einen Blick Richtung Süden durch die Bäume hindurch auf die Benediktenwand erhaschen.

11,70 Jetzt kommt man an der beschaulichen Speckeralm vorbei. Hier sollte man sich die Zeit nehmen und den Blick in den Isarwinkel genießen.

12,90 Am Gipfel dann hat man traumhafte Blicke. Vom Gipfelkreuz zieht nordwestwärts ein Pfad Richtung Bad Heilbrunn über die Wiesen. Am Waldrand muss man das Bike über einen Stacheldrahtzaun heben, danach geht es nur kurz bergauf, und dann beginnt der Spaß durch den Wald.

13,30 Man folgt stets den Schildern nach Bad Heilbrunn. Teils sind anspruchsvolle, steile und ausgesetzte Wegstücke zu befahren, mal auf wurzeligem Waldboden, mal auf Fels.

15,40 Auf etwa 980 Metern quert man einen Karrenweg. Kurz darauf, bei etwa 900 Metern, kommt man auf eine Forststraße, die man kurz bergab rollt und gleich wieder nach rechts in einen Trail verlässt. Das nächste Stück ist etwas verzwickt und auch fahrtechnisch höchst anspruchsvoll!

20,00 Auf dem beschilderten („Steinbach, Kochel") Radweg geht es Richtung Südwesten zurück nach Benediktbeuern.

25,42 Kloster Benediktbeuern. Ende der Tour.

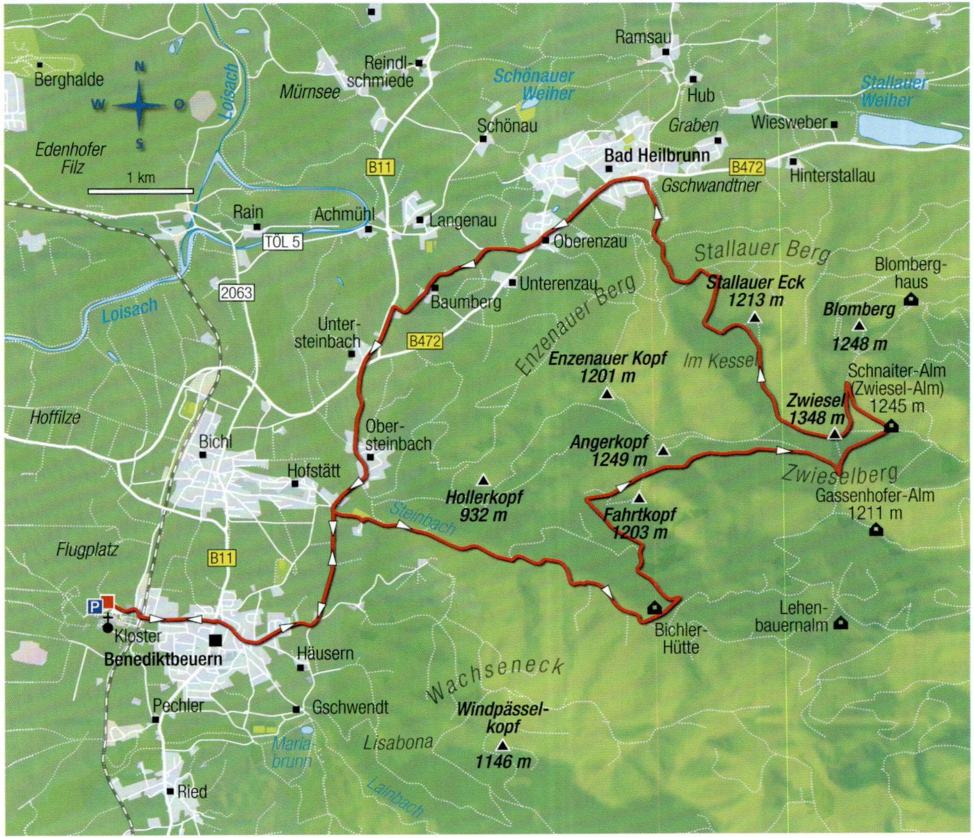

15 Tutzinger Hütte – d' Feirabndrundn 22,4 km 807 hm 2:30 h

Nicht nur zum Feierabend bietet diese kürzere Tour alles, was auch eine große Biketour bietet: eine schöne und sportliche Auffahrt, eine kurze Laufpassage, eine urige Hütte direkt unterm Gipfel und eine geniale Trail-Abfahrt!

„Da oben steckt noch ein Freund von mir!" Mein Kumpel zeigt mit seinem Finger in die dunkle, Furcht einflößende Benewand, wie manche Einheimische ihren Hausberg Benediktenwand nennen. Erst erschrecke ich, bis mir dämmert, was er meint. Er ist Freeride-Profi, Kletterer, und unter einem „Friend" versteht er auch ein Klemmgerät. Dieses musste er bei einer dramatischen Rückzugsaktion in der Rampen-Rippe stecken lassen. Die Tutzinger Hütte ist Ausgangspunkt einiger Kletterrouten zum Gipfel. Die Aussicht vom Gipfel fesselt auch manchen alten Hasen noch. An schönen Tagen kann man mit dem Fernglas bis zu den Mittelgebirgen gucken, aber auch der Blick in die Alpen ist gigantisch. Das Bike dient auch den Kletterern als Anfahrtsmittel. Es gibt zwei Auffahrtsmöglichkeiten, wobei die hier vorgestellte entlang des Lainbachs die landschaftlich schönere und im Sommer kühlere Variante ist. Man könnte auch die Auffahrt vom Alpenwarmbad aus nehmen (siehe Tour 19, Benediktenwand-Umrundung). Das letzte Stück zur „Hüttn" muss man laufen. Ein Fahrradschloss sollte also dabei sein. Mit einer „Feierabndheube" (großes Bier) sitzt man auf der Terrasse der Tutzinger Hütte und schaut zur Benediktenwand hinauf, wo das Gipfelkreuz im Abendlicht funkelt. Man malt sich aus, wie es wohl als Fels-Kraxler wäre, mitten in dieser Wand zu hängen. Mit geschwollenen Fingern und seinen „Friends". Doch die wenigsten Bergsteiger kennen die traumhafte Trail-Abfahrt – ein Klassiker für Insider und zugleich eine Haus- und Feierabendrunde. Auf der rasanten Abfahrt ist nun das Bike der einzig wahre „Friend" des Bikers.

HÖHENPROFIL Asphalt 3,9 km – asphaltierter Radweg 1,8 km – Schotter 8,9 km – Waldweg 1,5 km – Trail 3,7 km – Schieben 2,6 km **Bike & Hike**

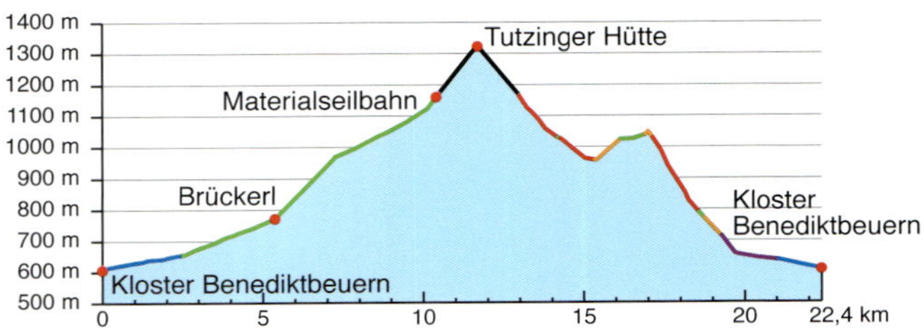

BEWERTUNG	MITTEL ▲
TECHNIK	▲▲▲△△△
KONDITION	▲▲▲△△△
FAHRSPASS	▲▲▲▲▲△
LANDSCHAFT	▲▲▲△△△

CHARAKTER Eine mittelschwere Genusstour. Die Abfahrt über den Wanderweg hinunter nach Benediktbeuern ist fahrtechnisch nicht allzu anspruchsvoll, hat aber – je nach Tempo – ihre Tücken. Für die Laufpassage zur Tutzinger Hütte muss man eine knappe halbe Stunde einrechnen. Wer zusätzlich den Gipfel der Benewand erklimmen möchte, plant noch einmal eine Stunde extra ein.

TOURSTART Am Kloster Benediktbeuern, wo es ausreichend Parkmöglichkeiten gibt.

EINKEHR Unbedingt in der Tutzinger Hütte, hinterher ins Klosterstüberl oder in die Pizzeria Il Ritrovo am Bahnhof in Benediktbeuern.

BIKE & HIKE Fahrradschloss nicht vergessen! Der Gipfel der Benediktenwand ist von der Tutzinger Hütte aus in etwa einer Stunde über den Ostaufstieg erreichbar und definitiv lohnenswert! Dafür sollte man aber bergfeste Schuhe dabei haben. Mit etwas Glück kann man dabei Steinböcke oder auch Steinadler beobachten.

ROADBOOK

KM 0,0 Vom Kloster auf die Bahnhofstraße, dann auf Dorf- und Häusernstraße durchs Dorf in Richtung Ortsteil Gschwendt im Südosten von Benediktbeuern fahren.

2,50 Jetzt geht es eher flach durchs Lainbachtal. Den Schildern Richtung Benediktenwand und Tutzinger Hütte folgen.

5,40 Nach einer kleinen Brücke steilt der Weg dann ordentlich auf und macht auf einer sehr kurzen Strecke ungefähr 150 Höhenmeter, um dann wieder etwas flacher und breiter zu werden. Einmal rechts, einmal links, und schon ist man auf dem letzten fahrbaren Teilstück zur Tutzinger Hütte.

10,40 Das Rad am besten an der Materialseilbahn anschließen und dann zu Fuß die letzten 200 Höhenmeter bergauf gehen.

13,00 Nachher schnappt man sich wieder sein Rad und rollt kurz die Forststraße hinunter, oder man nimmt den Wanderweg, bis dieser links in die Wiesen Richtung Benediktbeuern abzweigt. Diesem Wanderweg folgt man bis zur Eibelsfleck-Alm.

14,20 Dort überquert man die Forststraße und folgt dem flowigen Trail am Eibelsbach entlang.

16,90 Nach der großen Wiese bei der Kohlstatthütte führt der Wanderweg auf einen kleinen Hügel – der Ausgangspunkt einer lustigen Achterbahnfahrt: immer auf dem Wanderweg hinunter bis nach Mariabrunn.

19,80 Von dort aus geht es wieder durch Benediktbeuern bis zum Klosterparkplatz.

22,40 Kloster Benediktbeuern. Ende der Tour.

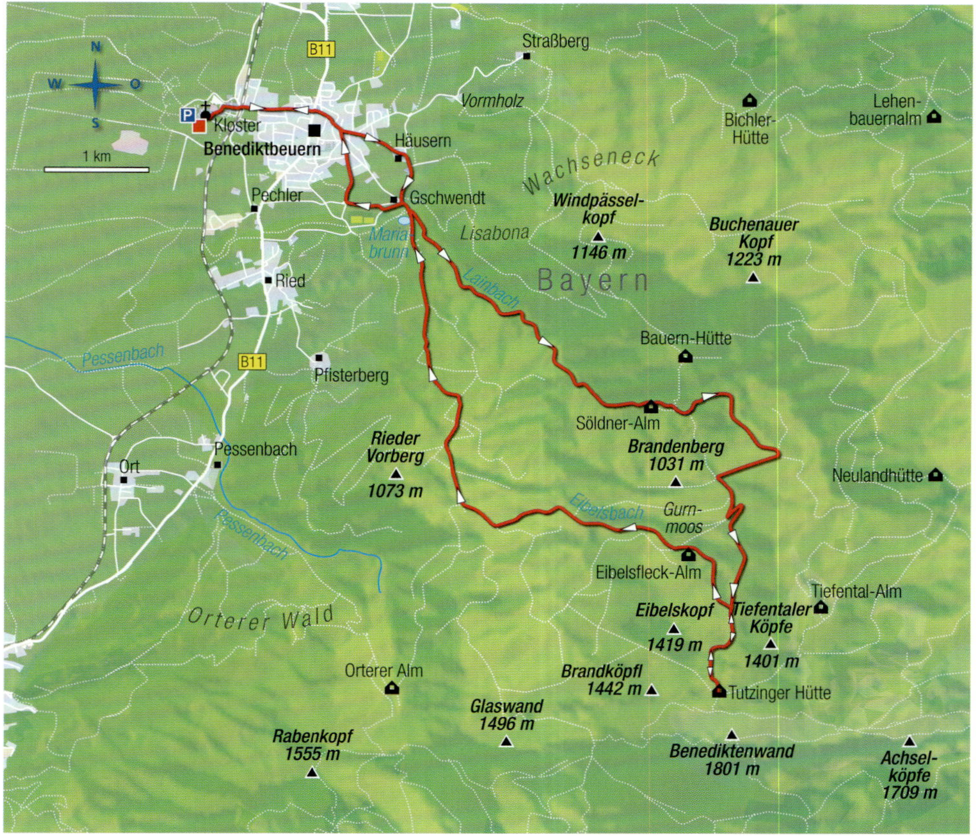

16 Ins Isartal – auf ein Eis 32,2 km 780 hm 3:13 h

Eiszeit mitten im Sommer – eine Spritztour führt von Benediktbeuern über den Windpässel zum Beindlhof in Wackersberg, wo es ein wirklich einzigartiges Rasterlebnis gibt: ein selbstgemachtes Bio-Eis vom Bauernhof.

Der Beindlhof in Wackersberg, insbesondere sein hausgemachtes Bio-Eis, ist inzwischen eine feste Institution im Isarwinkel. So rentiert sich die Runde nicht nur wegen der schönen Tour, sondern vor allem wegen der Schleckerei, die man sich einfach aus der Gefriertruhe nimmt. Das Geld wirft man in die daneben stehende Kasse – ganz auf Vertrauensbasis! Zur Herstellung der kühlen Köstlichkeiten wird ausschließlich die Milch der eigenen Kühe verwendet, die direkt auf den satten Wiesen vorm Hof weiden. Auch die meisten Früchte und Zutaten stammen aus eigener Produktion. Der Blick über die Wiesen auf die Benediktenwand und den Isarwinkel machen den Beindlhof zu einem ganz besonderen Ort. Die Auffahrten dorthin sind nur abschnittsweise steil, führen aber stets über gut zu rollende Forststraßen. Eine Bachquerung ist dabei. Über die Waldherr-Alm geht's dann zurück.

Nur so nebenbei: Kurz hinter der Lehenbauern-Alm zweigt links ein Pfad in den Wald ab, Richtung Bichl. Da ist ein lustiges Waldwegerl, mit ein paar schwierigeren Passagen im Mittelteil. Der Trail spuckt einen direkt am einsamen Oberlauf des Steinbachs aus. Diesen abgelegenen Platz nutzen ein paar einheimische Landart-Künstler als natürliches Atelier. Dort entdeckt man immer wieder schöne und teils skurrile Stein- und Schwemmholzskulpturen. Schließlich führt eine Forststraße aus dem Steinbachtal hinaus bis zum Schwimmbad nach Bichl. Von dort ist es ein Katzensprung über die Felder und Wiesen zurück nach Benediktbeuern. Ein Genuss!

HÖHENPROFIL Asphalt 3,9 km – asphaltierter Radweg 2,6 km – Schotter 21,9 km – Waldweg 0,9 km – Trail 2,9 km – Schieben 0,1 km

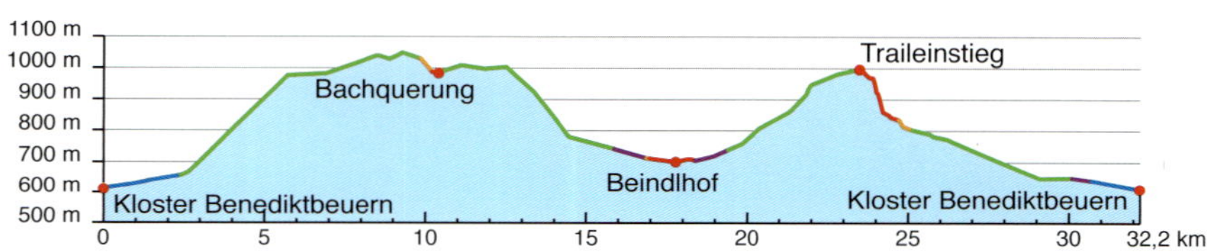

BEWERTUNG	LEICHT ▲
TECHNIK	▲▲△△△△
KONDITION	▲▲△△△△
FAHRSPASS	▲▲▲△△△
LANDSCHAFT	▲▲▲△△△

CHARAKTER Die Tour über den Windpässel ist konditionell sowie fahrtechnisch nicht allzu anspruchsvoll und daher als leicht einzustufen. Kürzere und technisch etwas anspruchsvollere Stücke können gut geschoben werden.

TOURSTART Parkplatz am Kloster Benediktbeuern (gebührenfrei). Alternativ an der Waldherr-Alm.

EINKEHR Ein Eis am Beindlhof ist Pflicht. Kurz danach gibt es an der Waldherr-Alm Kaffee und Kuchen.

HINWEIS Das leckere Bio-Eis kostet nicht viel mehr als in der Eisdiele. Mehr Infos unter www.beindlhof.de

ROADBOOK

KM 0,0 Vom Kloster Benediktbeuern fährt man in den Ortsteil Gschwendt hinauf, um dort Richtung Windpässelkopf abzubiegen. Die Steigung zieht sich angenehm durch den Wald hinauf.

9,40 Kurz nach dem höchsten Punkt steht rechts am Weg eine Hütte mit einem Brunnen. Der Forststraße folgt man weiter bis zum Abzweig Richtung Arzbach.

9,90 Ab hier wird die Forststraße zur Traktorspur und kurz darauf zum Pfad. Ein paar Sandbleche führen über feuchte Stellen an einem kleinen Bach.

10,50 Auf der anderen Seite führt der schmale Pfad (hier muss man kurz schieben) wieder auf eine Forststraße, auf der man sich nach links wendet. Man folgt den Wegweisern Richtung Arzbach, erst über Schotter, dann auf Teer hinunter.

16,90 Beim Lex, dem ersten größeren Hof auf der linken Straßenseite, geht links der Höhenweg ab. Dieser führt über die Wiesen und Weiden direkt zum Beindlhof.

17,80 Nachdem man sich dort ein Eis gegönnt hat, folgt man dem Wiesenweg Richtung Wackersberg, dann leicht bergauf Richtung Waldherr-Alm.

23,50 Nach einer längeren Schotterauffahrt biegt links der Trail nach Bichl in den Wald ab. An ein paar Schlüsselstellen muss man kurz schieben.

24,70 Nach einem kurzen Schiebestück geht es am Steinbach entlang bis an den Ortsrand von Bichl und über die Wiesen zurück nach Benediktbeuern.

32,20 Kloster Benediktbeuern. Ende der Tour.

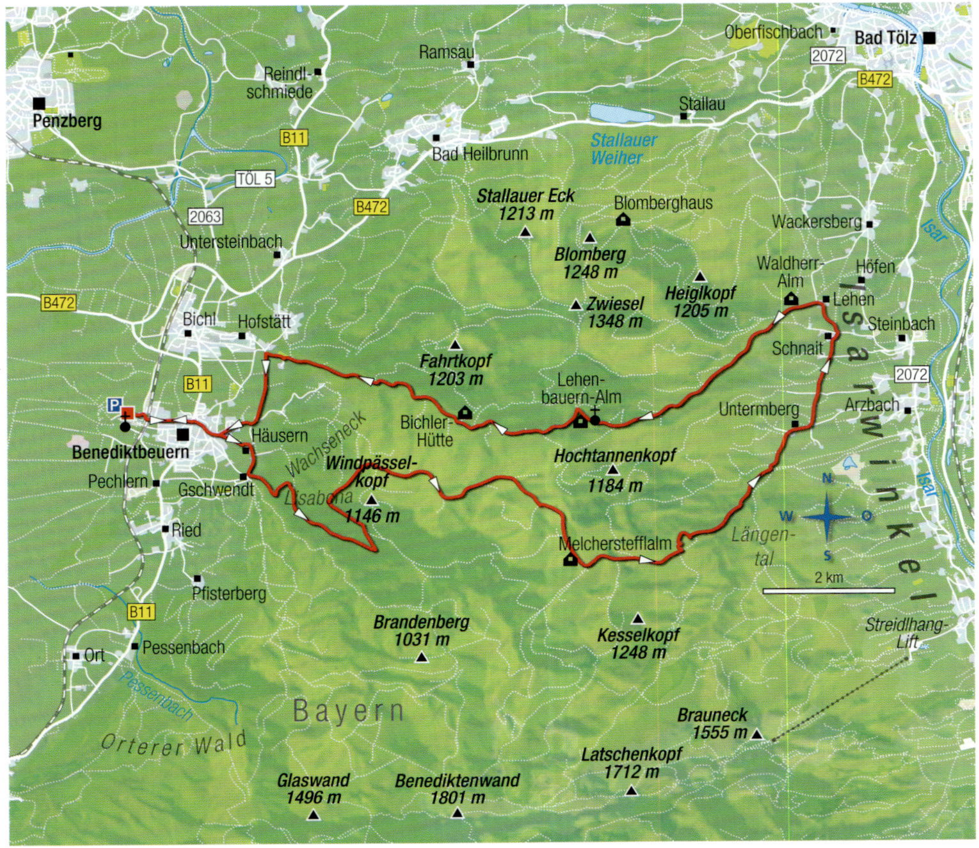

17 Blomberg – der Tölzer Hausberg 15,4 km 625 hm 1:32 h

Diese kurze Runde über den Hausberg der Tölzer Biker ist eine prima Feierabend-Spritztour. Hier kann man den Alltagsstress abschütteln und die Akkus für den nächsten Tag wieder aufladen.

Nur 50 Kilometer südlich von München ist der Blomberg eine der ersten Erhebungen des Vorkarwendels. Obwohl nicht allzu hoch, bietet er traumhafte Ausblicke ins Voralpenland, den Isarwinkel und am Horizont auf den schneebedeckten Alpenhauptkamm (z. B. Großvenediger). Von daher ist er nicht nur bei den Tölzer Mountainbikern als Haus- und Trainingsberg beliebt (die schnellsten brauchen rund 20 Minuten), er bietet sich auch ideal als Einsteigerrunde an – oder einfach nur als kurze Flucht aus dem Alltag. Der Blomberg bietet sich auch als solide Stichtour an. Wer Familie hat, kann mit seinen Kindern die Sommerrodelbahn genießen. Zudem fährt ein Doppelsessellift hinauf. Ein Treffpunkt auf dem Blomberghaus mit Partner und Kindern ist ein Kompromiss für bewegungsbedürftige Väter oder Mütter, ohne sich dabei seinen partnerschaftlichen Verpflichtungen zu entziehen. Die meisten Biker kehren hier ein und genießen nebst „da Gipfehoibn“ (ein großes Bier) den weiten Blick ins Isartal und auf das südlich gelegene Benediktenwandmassiv.

Einziger Wermutstropfen: An schönen Sommerwochenendtagen kann der Vergnügungsberg proppenvoll werden. Wer es ruhiger mag, der fährt die Forststraße einfach weiter kurz bergab, dann rechts an der Bergwachthütte vorbei und nimmt den oberen Weg bergauf in Richtung Heigelkopf. Nach einer kurzen Rampe erreicht man den höchsten Punkt kurz oberhalb des Sesselliftausstiegs und kann hier, weit weg vom Trubel, ein bisschen Gipfelglück und großartige Blicke bis nach München und in den Alpenhauptkamm erhaschen. Wenn der Ostwind bläst, schweben bunte und waghalsige Flattermänner mit ihren Schirmen über den Wipfeln der Bäume und bieten eine prima Show.

HÖHENPROFIL Asphalt 0,0 km – asphaltierter Radweg 1,2 km – Schotter 11,5 km – Waldweg 1,9 km – Trail 0,9 km – Schieben 0,0 km

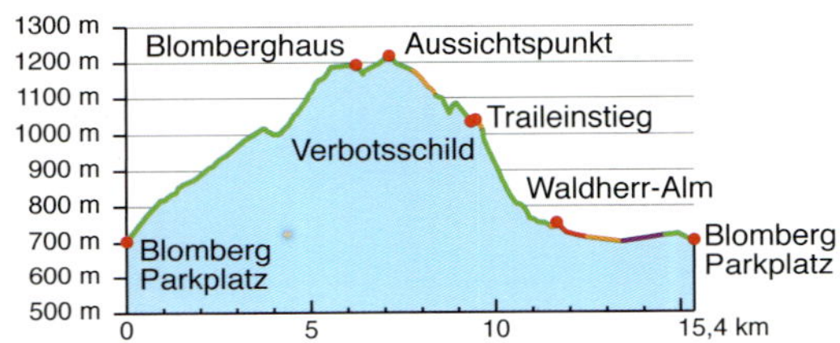

BEWERTUNG	LEICHT ▲
TECHNIK	▲▲△△△△
KONDITION	▲▲△△△△
FAHRSPASS	▲▲△△△△
LANDSCHAFT	▲▲▲△△△

CHARAKTER Die ideale Einsteigertour oder schnelle Spritztour am Abend. Fahrtechnisch stellt sie keine großen Anforderungen. Das kurze und rumpelige Stückchen auf der Abfahrt Richtung Waldherr-Alm kann man entweder schieben oder umfahren. Tolle Blicke in den Isarwinkel.

TOURSTART Parkplatz an der Blombergbahn zwischen Bad Tölz und Bad Heilbrunn.

HINWEIS Alternativ kann man auch von der Waldherr-Alm starten.

EINKEHR Blomberghaus, Waldherr-Alm und hinterher im Café Nirwana (schräg gegenüber dem Blombergparkplatz).

ROADBOOK

KM 0,0 Am südwestlichen Eck des Parkplatzes steigt die Forststraße bis zum Blomberghaus an. Es folgt eine kurze Zwischenabfahrt zur Erholung.

7,10 Vom Aussichtspunkt oberhalb des Liftausstiegs rollt man zurück bis zur Bergwachthütte.

7,80 Hier biegt man scharf links ab, auf den unteren Weg Richtung Waldherr-Alm. Diesem Karrenweg, der später zu einer gut befahrenen Forststraße wird, folgt man stets bergab bis zu einem Pfadabzweig.

9,50 Hier sollte man darauf achten, nicht dem ersten – mit einem Verbotsschild gekennzeichneten Abzweig – zu folgen, sondern dem zweiten, etwa 50 Meter weiter. Das Verbotsschild am ersten Abzweig steht nicht ohne Grund dort: Der Grundbesitzer, über dessen Land die folgende Forststraße führt, hat in der Vergangenheit schlechte Erfahrungen mit Bikern gemacht. Also: Rücksicht nehmen! Wem das zu „halblegal" ist, der bleibt auf der Forststraße, die nach einem kurzen Gegenanstieg weiter bergab führt und unten wieder auf die Originaltour stößt.

11,60 Vor der Waldherr-Alm rechts dem kleinen Weg durch den Elektrozaun folgen. Dann auf einem Forstweg weiter in Richtung Norden, bis dieser auf eine Teerstraße trifft, welcher man weiter in Fahrtrichtung folgt.

14,60 Nach gut einem Kilometer zweigt links eine Forststraße Richtung Blomberg-Talstation ab.

15,37 Parkplatz Blombergbahn. Ende der Tour.

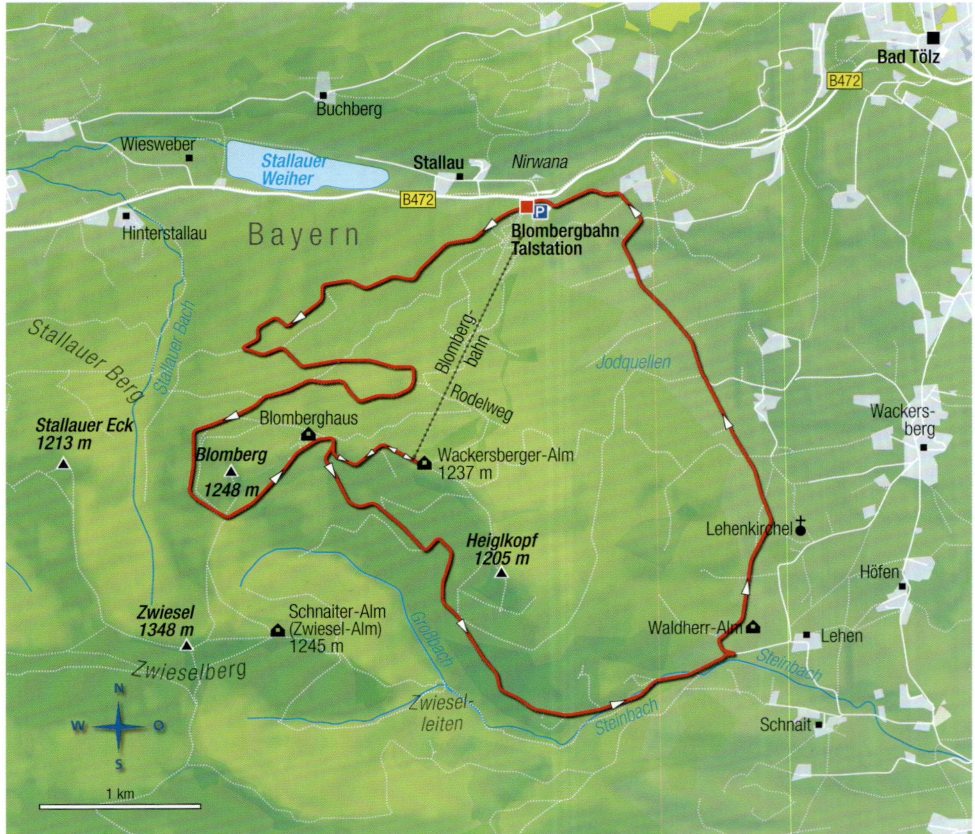

18 Vom Längental nach Klein-Kairo 33,2 km 627 hm 3:19 h

Eine kurze Spritztour durch den Isarwinkel mit einem kleinen, aber feinem Abstecher unter die Probstenwand. Zurück durch die Isarauen kann durch einen Besuch der Steinpyramiden den Landart-Künstler in einem geweckt werden.

Es muss nicht immer steil und extrem sein. Die Vorberge der Benediktenwand rollen im dunklen Gewand bis Bad Tölz und werden vom Isartal eingebremst. Die Tour ins Längental ist eine Tour durch den Isarwinkel und macht einen Abstecher in eines der kleinen Nebentäler der Kocheler Berge. Auf dem Höhenweg von Wackersberg in Richtung Lenggries entwickelt man genug Muße, die traumhafte Landschaft des Isarwinkels auf sich wirken zu lassen. Auch die Schleife durchs Längental, wo sich im Talschluss die Probstenwände auftürmen, ist ein landschaftlicher Leckerbissen. Erfreulich ist auch die ausgesuchte Abfahrt hinunter nach Lenggries – die Isarwinkler würden sagen: A scheens Wegerl! Die Rückfahrt entlang der Isar durch die Auen nach Bad Tölz ist ein schöner Abschluss und birgt ein Schmankerl: die Isar-Steinpyramiden oder auch Klein-Kairo genannt. Zwischen Bibermühle und Steinbach hat ein Künstler die weißen Isarkiesel zu vielen, mannshohen Pyramiden (Steinkegeln) mühsam aufgebaut – Landart vom Feinsten. Bei jeder größeren Überschwemmung muss der Erschaffer die Sisyphusarbeit des Wiederaufbaus beginnen. Es lohnt sich, hier einige Zeit zu verbringen und Fotos zu schießen. Oder zu meditieren. Jeder kann sich selbst an kleinen Pyramiden versuchen. Ein Mini-Steinmanderl schafft man sehr schnell, gerade für Kinder ist es eine Herausforderung, selbst ein tolles Steinkunstwerk zu kreieren. Man erkennt aber auch, welche Arbeit darin steckt, eine große Pyramide aufzuschichten. Ich selber habe eine gebaut, halb so groß wie die vielen in Klein-Kairo. Es dauerte zwei Tage.

HÖHENPROFIL Asphalt 8,0 km – asphaltierter Radweg 3,3 km – Schotter 16,3 km – Waldweg 2,6 km – Trail 2,8 km – Schieben 0,1 km

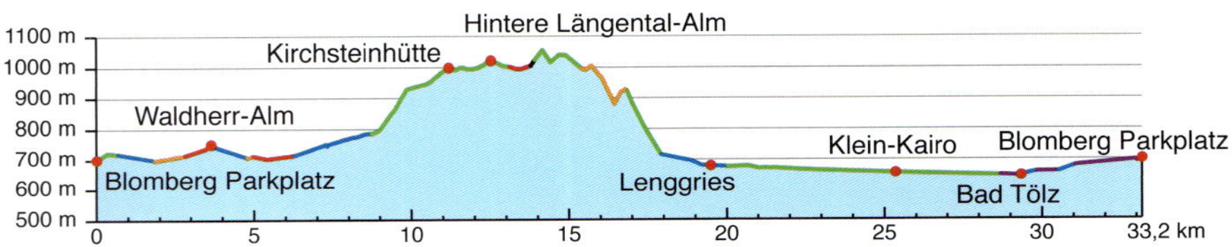

BEWERTUNG	LEICHT ▲
TECHNIK	▲▲△△△△
KONDITION	▲▲△△△△
FAHRSPASS	▲▲▲▲△△
LANDSCHAFT	▲▲▲▲△△

CHARAKTER Eine leichte Einsteigertour. Nur die Auffahrt ins Längental ist auf den ersten zwei Kilometern etwas steiler, danach zieht die Forststraße mit angenehmer Steigung gen Talschluss. Landschaftlich ist die Tour sehr reizvoll – auf dem Höhenweg hat man stets die Benediktenwand im Blick. Das Längental und die Isarauen reizen mit prachtvoller Kulisse.

TOURSTART Am Blombergparkplatz (zwischen Bad Tölz und Bad Heilbrunn) gibt es genügend Parkmöglichkeiten.

EINKEHR Auf dem Höhenweg kommt man am Beindlhof vorbei, im Längental an der Kirchsteinhütte, und nach der Abfahrt kann man einen Abstecher in die Mulistation oder – bei größerem Hunger – ins Brauneck's (Thai) machen. Mein Tipp: Wok Inn an der Isarbrücke in Bad Tölz.

ROADBOOK

KM 0,0 Den Blombergparkplatz verlässt man über einen kurzen Anstieg auf der östlichen Seite. Man mündet in eine Teerstraße, der man Richtung Süden folgt und die man nach etwa zwei Kilometern Richtung Pestkapelle verlässt.
3,80 Von der Waldherr-Alm folgt man der Teerstraße bergab. In einer starken Linkskurve geht es geradeaus – den Wegweisern Richtung Längental folgend – auf dem Höhenweg über die Wiesen, die Benediktenwand immer im Blick.
6,30 Beim Lex biegt man vom Höhenweg rechts auf die Teerstraße ab und folgt dieser ins Längental hinein.
12,50 An der Hinteren Längental-Alm kann man kurz Rast machen und die Natur genießen. Danach rollt man ein Stück zurück und biegt vor dem Arzbach rechts ab auf den Weg in Richtung Bergbahn Lenggries.
17,90 Nach einer spaßigen Abfahrt geht es am Buswendeplatz geradeaus auf Teer weiter. Die Bergbahnstraße mündet in die Wegscheiderstraße, der man nach links bis zum Kreisverkehr folgt.
19,50 Hier nimmt man die zweite Ausfahrt (Kalkofenweg), folgt dieser bis zum Isaruferweg und fährt an der Isar entlang bis nach Klein-Kairo.
25,30 Von dort bis nach Bad Tölz fahren, durch die Kurzone und auf dem Radweg in Richtung Bad Heilbrunn zur Blombergbahn zurück.
33,18 Parkplatz Blombergbahn. Ende der Tour.

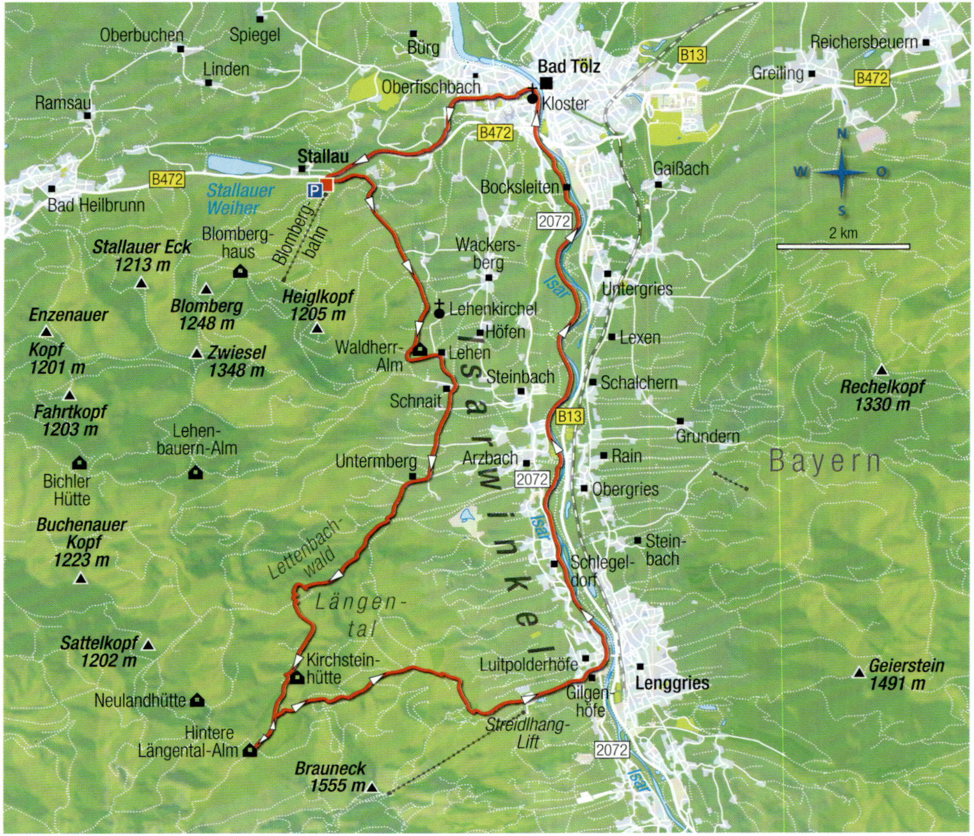

19 Benediktenwand-Umrundung 55,6 km 1.510 hm 5:34 h

Vor der Jachenau ruht die Benediktenwand, der Stolz der Isarwinkler. Die steile Nordflanke dient als Klettereldorado, der Ostgrat verlängert zum Skigebiet Brauneck. Die große Runde um die Benewand hat es in sich.

Es ist egal, aus welcher Richtung man sich dem Tölzer Land nähert, das Benediktenwandmassiv erkennt man schon von Weitem. Wenn ich diese Wand sehe, weiß ich, dass ich bald wieder „dahoam" bin. Die Runde um die Benediktenwand bedeutet für mich ein Stück Heimat und ist mindestens einmal im Jahr Pflicht. Eine Pflicht, die in keinster Weise zur Last fällt, ganz im Gegenteil: Sie ist eine der schönsten Mountainbiketouren im Tölzer Land. Zu Beginn schraubt man sich von Benediktbeuern an der Nordwestseite der Wand empor, als wolle man direkt ihren Gipfel erklimmen. Man quert dabei die gesamte Nordseite, fährt durch teilweise einsame Bergwälder und hat immer wieder hypnotisierende Blicke in die steil aufsteigenden Felsen.

Vom Skiort Lenggries (einzige Verpflegung) geht es durch das Schwarzenbachtal hinauf Richtung Tanner-Alm. An der Kuhtränke kann man die Wasservorräte auffüllen, auf den Almwiesen die Seele baumeln und die Blicke ins Karwendel schweifen lassen. Ein wunderschöner Trail zieht sich dann am Hang entlang in Richtung Rabenkopf. Eine technisch anspruchsvolle Abfahrt führt zur Orterer-Alm und von dort fast flach, teilweise über kleine Waldwege, in Richtung der ersten Auffahrt. Diese kann man jetzt zum Ausklang gemütlich hinunterrollen. Oder man wirft sich noch mal ins Trail-Vergnügen.

Am Ziel lockt das erfrischende Nass im Alpenwarmbad in Benediktbeuern. Wer eine innere Abkühlung bevorzugt, gönnt sich ein frisches Radler im Kloster-Biergarten. Alternativ kann man auch von der Orterer-Alm aus in Richtung Pessenbach abfahren und dann gemütlich über den Radweg zurück nach Benediktbeuern treten.

HÖHENPROFIL Asphalt 3,1 km – asphaltierter Radweg 5,9 km – Schotter 29,8 km – Waldweg 7,0 km – Trail 9,6 km – Schieben 0,3 km

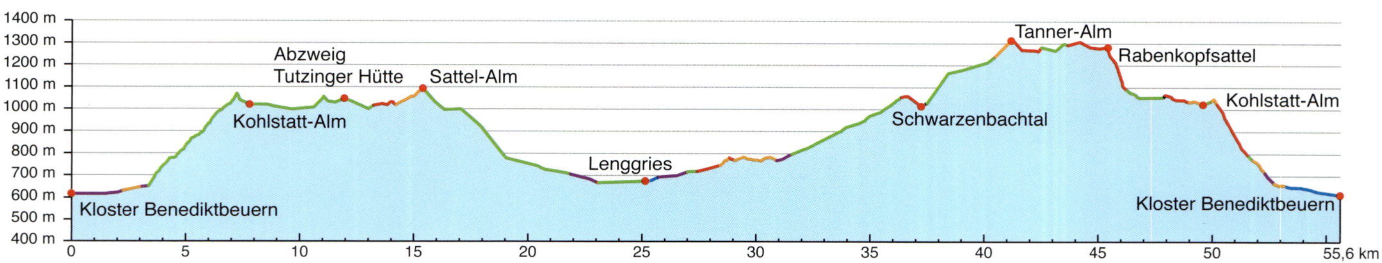

BEWERTUNG	SCHWER ▲
TECHNIK	▲▲▲▲△△
KONDITION	▲▲▲▲▲▲
FAHRSPASS	▲▲▲▲▲△
LANDSCHAFT	▲▲▲▲▲△

CHARAKTER Konditionell ist die Umrundung des Benediktenwandmassivs schon von der Länge her anspruchsvoll. Die Auffahrten sind steil (z. B. Langenecksattel), aber auch der vermeintlich flache Trail Richtung Rabenkopf kostet ein paar Körner. Ein gewisses Fahrkönnen sollte man für die Trails mitbringen, denn erst dann hat man richtig Spaß und ein Auge für die traumhafte Landschaft! Nur kurze Schiebe- und Tragepassagen.

TOURSTART Kloster Benediktbeuern, am kostenlosen Parkplatz. Alternativ kann man die Tour auch von Lenggries aus beginnen. Beide Startorte sind gut mit dem Zug zu erreichen.

VARIANTE An der Einmündung nach der Orterer-Alm fährt man die Forststraße links bergab. Nach gut 300 Metern geht es rechts in einen Karrenweg, dem man nun stets bergab folgt. Dabei sollte man die Augen offen halten: Gerade im unteren Teil zweigen rechts lustige Trailstücke ab, die parallel zum Karrenweg führen – ansonsten rumpelt man eben den Hauptweg hinunter. Am Gatter folgt man der Forststraße bergab bis zur Bundesstraße. Dann weiter bergab nach Ort, über die Gleise und auf den Radweg bis Benediktbeuern.

EINKEHR Lenggries: Eisdiele Cortina. Wer Hunger hat, der kehrt beim Altwirt ein. In Benediktbeuern kann man die Tour im Klosterstüberl (mit Biergarten) oder in der Pizzeria Il Ritrovo (nahe dem Bahnhof) ausklingen lassen.

ROADBOOK

KM 0,0 Vom Klosterparkplatz geht es entlang der Bahnstrecke Tutzing–Kochel in Richtung Süden. Stets im Blick: die Benediktenwand.

3,20 Am Alpenwarmbad beginnt der erste Anstieg (etwa 400 hm) auf Schotter. Danach geht es einige Kilometer eher flach dahin, bis die Forststraße zur Eibelsfleck-Alm kurz ansteigt, um kurz nach dem Abzweig zur Tutzinger Hütte wieder bergab zu führen. Im schnellen Bergab den unbeschilderten Abzweig ins Tiefental nicht verpassen!

13,20 An einer Hütte mit Brunnen wird der Weg zum Pfad und bald darauf stehen zwei Bachquerungen an. Wer die darauffolgende Auffahrt im Sattel meistert, der lebe hoch! Auf der Sattel-Alm hat man den höchsten Punkt auf der Nordseite der Benediktenwand erreicht.

25,20 Nach einer rauschenden Abfahrt in Richtung Arzbach kommt man schließlich über Schlegeldorf und den Isarradweg nach Lenggries.

31,60 Über die Gilgenhöfe, den Jauden- und den Draxlhang gelangt man ins Schwarzenbachtal.

36,50 Kurz vor der Raut-Alm geht es auf einem schönen Trail in Richtung Bach ab. Diesen überquert man, um auf der anderen Seite das Bike für etwa fünf Minuten zu schultern.

37,50 Aus dem Graben führt eine extrem steile Forststraße in Richtung Tanner-Alm. Von hier schlängelt sich ein Pfad die Südflanke des Benediktenwandmassivs entlang bis unterhalb des Rabenkopfes – mein Lieblingsteil dieser Tour!

45,40 Die Abfahrt zur Orterer-Alm ist schwierig. Ein lustiger Waldweg führt zurück auf die Nordseite und zum großen Finale: der Trail vom Rieder Vorberg hinunter nach Benediktbeuern!

55,61 Kloster Benediktbeuern. Ende der Tour.

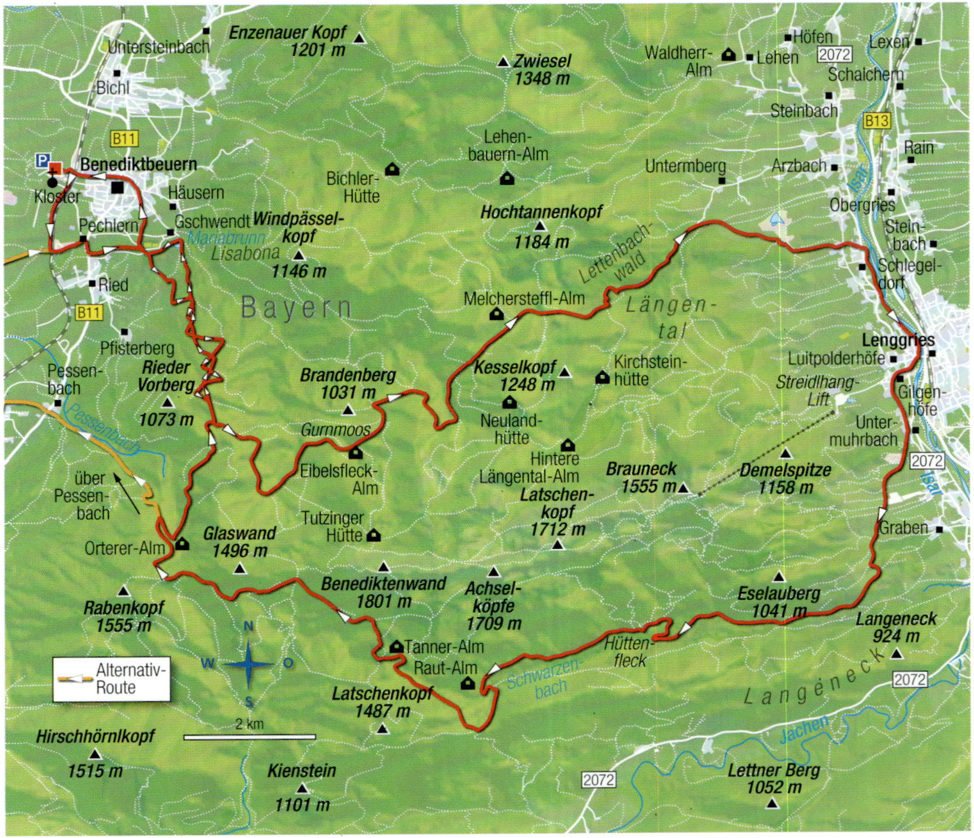

20 Brauneck – der Schinderberg 18,9 km 903 hm 1:54 h

Knackig bergauf, knackig bergab. Die anspruchsvolle Tour auf den Isarwinkler Ski- und Aussichtsberg Brauneck ist kein Zuckerschlecken, eine wahre Schinderei. Aber für echte Bergziegen ist es der Gipfel der Genüsse.

Schinden heißt nicht nur auf bayerisch plagen. Wer zum Gipfelkreuz des Braunecks möchte, muss lange steil bergauf fahren. Eine gut durchtrainierte Bikerin sagte mir mal: „Aufs Brauneck kimmst fei ned ohne Schiam aufe." Für viele ein wahres, bayerisches Wort. Wer glaubt, durchtrainiert zu sein, der kann sich an den steilen Rampen prüfen. Das Brauneck ist eher als feines Skigebiet in der Nähe Münchens bekannt. Deutsche Skihelden wie Martina Ertl oder Hilde Gerg haben hier an den steilen Hängen des Lenggrieser Hausberges das Skifahren gelernt und für ihre Erfolge trainiert. Noch heute entsendet die Lenggrieser Damenskimannschaft erfolgreiche Athletinnen in die Kader der Besten. So steil wie es mit der Karriere einiger Lenggrieser Skifahrer bergauf geht, so steil führt auch diese Mountainbiketour von Lenggries (879 Meter) zum Brauneckgipfel (1555 Meter) hinauf. Für viele liegen die Rampen mit bis zu 25-prozentiger Steigung an der Grenze des Machbaren. Aber nicht nur die anstrengende Auffahrt reizt. Der traumhafte Blick in den Isarwinkel, das Karwendel- und ins Wettersteingebirge lässt sich am besten vor der Ankunft der Touristenpulks, die mit der Bahn hinaufgondeln, in den frühen Morgenstunden oder in der Abenddämmerung genießen. Dass man diesen Schinderberg immer wieder ansteuert, lässt sich nicht allein mit der schönen Aussicht erklären. Es ist der Gipfelsieg per se, der reizt. Nach der Schinderei folgt schließlich die herrliche Abfahrt auf meist steilem Schotter, gen Ende aber auch auf herrlich dahinfließenden Passagen.

HÖHENPROFIL Asphalt 3,4 km – asphaltierter Radweg 1,4 km – Schotter 11,2 km – Waldweg 0,9 km – Trail 2,0 km – Schieben 0,0 km

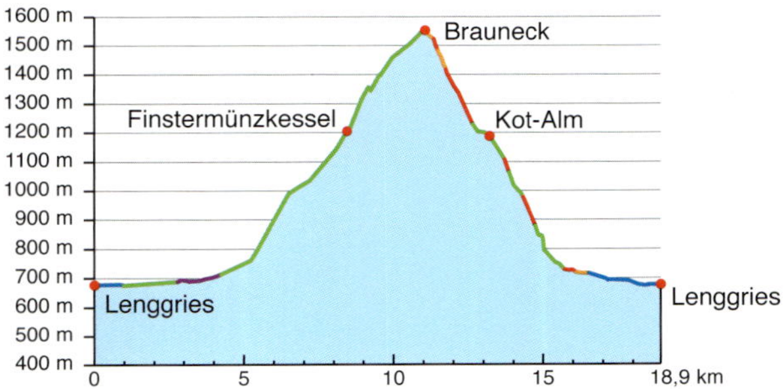

BEWERTUNG	SCHWER ▲
TECHNIK	▲▲▲▲▲△
KONDITION	▲▲▲▲▲▲
FAHRSPASS	▲▲▲△△△
LANDSCHAFT	▲▲▲△△△

CHARAKTER Schwer! Extrem steil bergauf, extrem steil bergab – und extrem schöne Ausblicke. Das ist eine Trainingstour für Profis! Nicht nur bergab sollte man sein Fahrrad sicher beherrschen, auch bergauf ist eine gute Technik gefragt, um das Vorderrad in den steilsten Rampen des Oberlands am Boden halten zu können. Die Auffahrt ist durchgehend steil und fordert die Kondition extrem heraus. Bergab sind vor allem die Bremsen gefordert, auch hier ist eine gute Technik gefragt. Der Ausblick vom Gipfel ins Isartal, ins Flachland Richtung München und in die umliegenden Berge entlohnen für alle Mühen.

TOURSTART Am Bahnhof Lenggries, dort gibt es auch ausreichend kostenlose Parkmöglichkeiten (auf der Westseite des Bahnhofs).

EINKEHR Die Eisdiele Cortina in Lenggries; der Altwirt in Lenggries; der Pfaffensteffel in Wegscheid; das Brauneck-Gipfelhaus und das Panoramarestaurant. Am Jaudenhang das Jaudenstüberl neben der Sommerrodelbahn.

EINKEHR Wer nicht gern Trails fährt oder wem aufkommendes schlechtes Wetter die Laune verderben kann, der fährt die Tour als Stichtour. Vorsicht: Entgegenkommende Autos (Alm- und Restaurantbetrieb) und glühende Bremsen können zur Gefahr werden!

ROADBOOK

KM 0,0 Vom Bahnhof Lenggries rollt man gemütlich isaraufwärts über die Bretonenbrücke nach Wegscheid.

3,50 Von dort aus geht es am Muhrbach entlang auf die Forststraße Richtung Brauneck und seine Almen.

5,20 Am nächsten Abzweig Richtung Bayernhütte, Florianshütte, Strasser-, Quenger- und Stiealm sowie Tölzer Hütte wird es dann etwas steiler. Nach der Schranke und der nächsten Rechtskurve zeigt die Tour das erste Mal, was für die folgende Stunde auf dem Programm steht: Es geht extrem steil bergauf! Es gibt nur wenige flache Passagen, aber mit etwas Kraft und vor allem einem eisernen Durchhaltewillen kämpft man sich in die Höhe.

9,50 An der Tölzer Hütte ist das Schlimmste geschafft, und man kann schon mal die tollen Blicke über den Isarwinkel genießen. Folgt man den Wegweisern Richtung Brauneckgipfel, kann man später am Gipfelkreuz das traumhafte Panorama voll und ganz auf sich wirken lassen.

11,00 Bergab kommt man über das Gipfelhaus und das Panoramarestaurant auf den Wanderweg Richtung Kot-Almkessel. Von dort über die Forststraße und kurze Trailstücke zum Milchhäusl, Draxl- und Jaudenhang und über Wiesenwege sowie den Lenggrieser Höhenweg ins Dorf hinunter.

18,92 Bahnhof Lenggries. Ende der Tour.

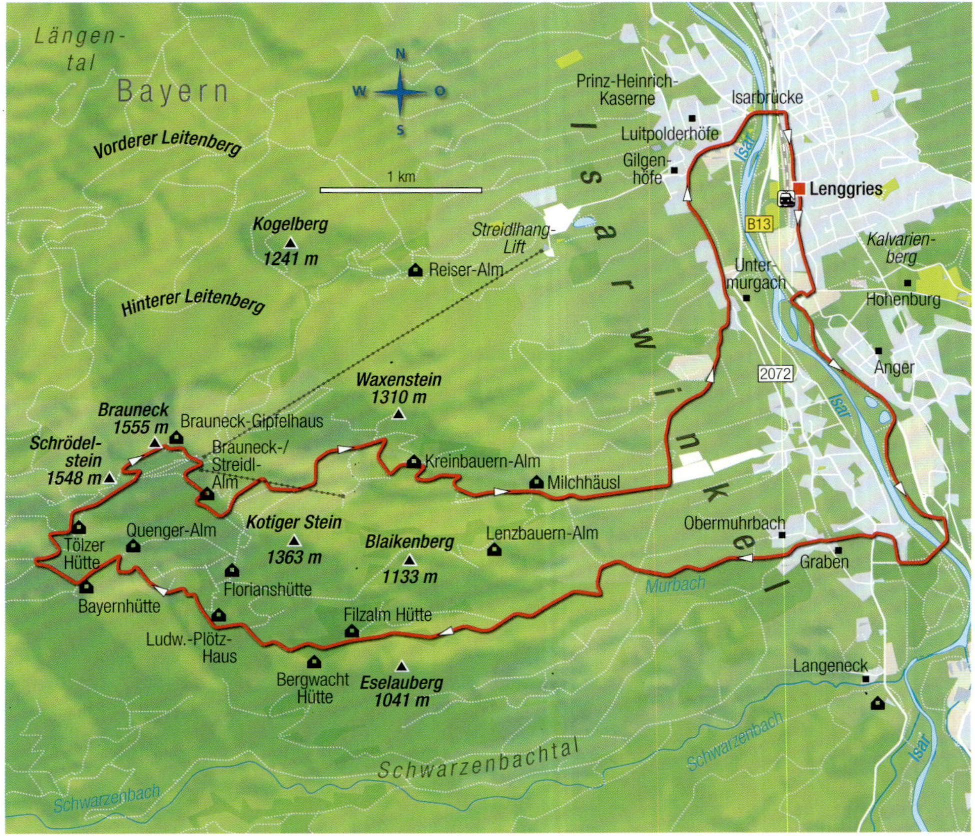

21 Baumtour 1: Kochel – Lenggries 43,8 km 741 hm 4:23 h

Das Tourengebiet rund um die Benediktenwand beheimatet viele gewaltige und urtümliche Bäume. Anstatt Gipfel und Almen zu besuchen, lädt unsere zweiteilige Tour ein, diese außergewöhnlichen Naturdenkmäler zu bestaunen.

„Bäume sind für mich immer die eindringlichsten Prediger gewesen. In ihren Wipfeln rauscht die Welt, ihre Wurzeln ruhen im Unendlichen. Der Baum begehrt nichts zu sein, als was er ist. Das ist Heimat. Das ist Glück." Nicht nur Herman Hesse verehrte Bäume. Bei den Kelten galten Eichen, Eiben und Hainbuchen als heilig. Dichter wie Schiller, Goethe oder Wilhelm Müller, aber auch Komponisten wie Franz Schubert ließen sich von den grünen Riesen inspirieren. Khalil Gibran *(Der Prophet)* schrieb sogar: „Bäume sind Gedichte, die die Erde in den Himmel schreibt." Ich habe mich zu Bäumen immer schon magisch hingezogen gefühlt. So war die Idee einer Baumtour nicht abwegig. Da die gesamte Runde über 100 Kilometer lang ist und man doch etwas Zeit an den Bäumen verbringen möchte, ist sie als Zweitagestour mit Übernachtung in Lenggries geplant. Wer fit ist, schafft die gesamte Strecke an einem langen Sommertag. Je nach Gebiet ändert sich die Baumlandschaft. Die Tour startet im Moorgebiet am Kochelsee im Loisachtal. Weiden, Pappeln und Birken bestimmen das Bild. Im Alpenvorland zwischen Benediktbeuern und Bad Tölz wachsen ehrwürdige Linden und Buchen. Baumalleen wie in Bichl (Linden), Benediktbeuern (Ahorn) und auch Bad Heilbrunn (Birken) sind einmalig. Erste Baum-Highlights sind die über 300 Jahre alte Buche in Bad Heilbrunn (die höchste im Land mit einem Umfang von vier Metern), die 1000-jährige Linde am Buchberg bei Bad Tölz und die uralte Linde an der Geißacher Sunntratn. Richtung Lenggries, an der Isar entlang, ändert sich dann auch die Baumlandschaft: Tannen, Fichten, Kiefern und Bergahorn bestimmen jetzt immer mehr das Landschaftsbild.

HÖHENPROFIL Asphalt 16,7 km – asphaltierter Radweg 3,9 km – Schotter 11,5 km – Waldweg 8,3 km – Trail 3,3 km – Schieben 0,0 km

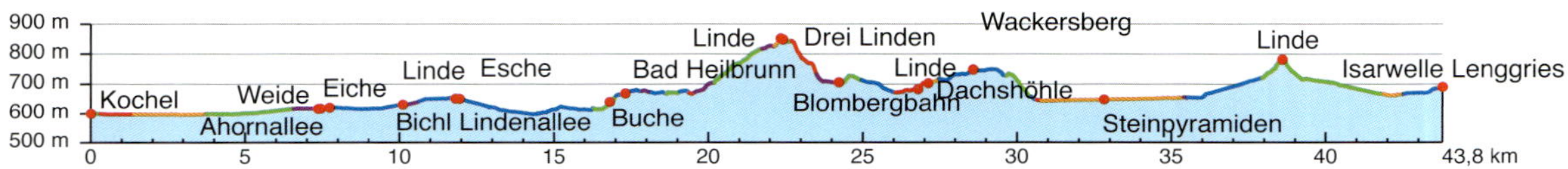

BEWERTUNG	MITTEL ▲
TECHNIK	▲▲△△△△
KONDITION	▲▲▲▲△△
FAHRSPASS	▲▲▲△△△
LANDSCHAFT	▲▲▲▲▲△

CHARAKTER Wer die Tour an einem Tag fährt, ist konditionell auf hohem Niveau. Als Zweitagestour kann man sie durchaus als leicht einstufen. An einigen Trails wird technisches Können verlangt. Diese Passagen sind eher kurz und können in der Not auch schiebend überbrückt werden (Teile der alten Kesselbergstraße und der Trail vom Buchberg zur Blombergbahn hinunter sowie der Trail an der Dachshöhle).

TOURSTART Am Parkplatz Trimini (Kristall Trimini Schwimmbad) in Kochel am See.

ETAPPENENDE Am Erlebnisbad Isarwelle in Lenggries.

EINKEHR Gasthaus Ludlmühle in Bichl, Café Kolb am Schönauer Weiher/Bad Heilbrunn, Restaurant Altwirt in Wackersberg, Café Schusterpeter in Arzbach, Bauerncafé kurz vor Lenggries, Eiscafé Cortina in Lenggries.

UNTERKUNFT Im Haus Seemüller (www.haus-seemueller.de) an der Alpenwelle in Lenggries, beim Wieserwirt (www.lenggries.de/wieserwirt) in Lenggries.

ROADBOOK

KM 0,0 Vom Trimini Parkplatz der Loisach flussabwärts Richtung Benediktbeuern folgen.

7,30 Alte Eiche an der Klostermauer von Benediktbeuern. Hundert Meter weiter findet man eine prächtige Trauerweide.

7,70 Prächtige Baumallee (Bergahorn), Prälatenstraße in Benediktbeuern.

10,10 Die Bichler Lindenallee verläuft parallel zur Ludlmühlstraße und steht unter Denkmalschutz.

11,80 Alte Linde hinter der Kapelle links (Obersteinbach).

16,80 Über 300 Jahre alt ist dieser unter Naturdenkmalschutz gestellte Baumriese. Die Buche steht kurz vor der Lichtung auf der Anhöhe Richtung Bad Heilbrunn. Buchen schützen ihren Stamm übrigens nicht mit einer dicken Rinde, sondern mit ihrem dichten Blätterdach.

22,30 Die drei Linden am Buchbergkreuz mit herrlichem Blick ins Flachland und auf die 1000-jährige Linde.

22,40 1000-jährige Linde am Hof Buchberg. Die Stämme werden durch ein Eisenseil zusammengehalten. Linden galten schon immer als Sinnbild des Lebens und des Neuanfangs und stehen oft in der Dorfmitte. Linden sind auch die Bäume der Liebe, nicht nur wegen den Tausenden kleinen Herzen an ihren Zweigen, sondern weil man es spürt: Alles unter der Linde ist weich und süß. Eben linde.

27,10 Alte Linde (Seidl-Linde) oberhalb der Dachshöhle bei Burger/Wackersberg, benannt nach dem Tölzer Baumeister Gabriel von Seidl; steht unter Naturdenkmalschutz.

38,50 Die unglaubliche Berglinde an der Gaißacher Sunntratn ist seit 1940 ein Naturdenkmal. Erst kürzlich verlor der alte Riese bei einem Sturm einen Arm.

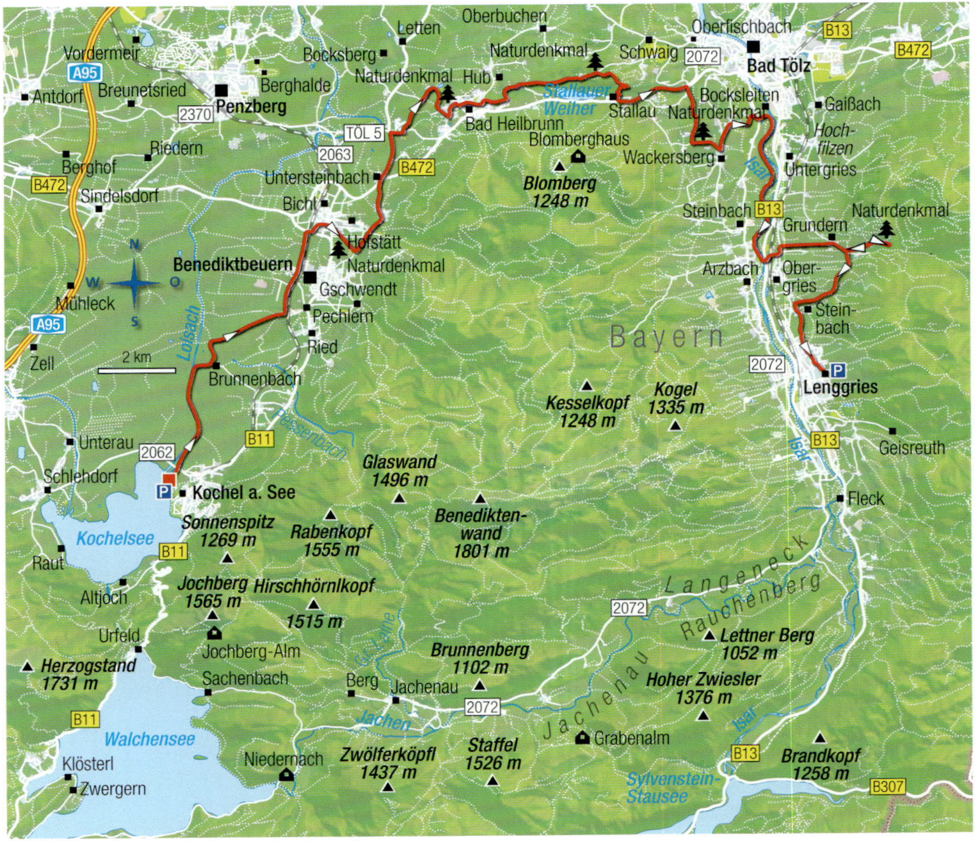

22 Baumtour 2: Lenggries–Kochel 67,5 km 872 hm 6:45 h

Die ältesten Bäume Bayerns sind in der Jachenau und in den Wäldern rund um den Walchensee zu finden – Schätze der Natur, die auf der zweiten Baumtour-Etappe dieser Riesenrunde entdeckt werden können.

Der älteste Baum der Welt ist der Bristlestone Pine (Grannenkiefer: 4900 Jahre) in den White Mountains in Kalifornien. Mammutbäume sind nicht nur die ältesten Bäume, sondern auch die gewaltigsten und höchsten, der Rekordumfang beträgt 31 Meter. Den Höhenrekord hält ein Küsten-Redwood-Baum mit 112 Metern. Dagegen klingen die Daten unserer 1000-jährigen Linden im Tölzer Land eher bescheiden. An der Bauernrast oberhalb von Lenggries, auf dem ersten Abschnitt der zweiten Baumtour, wächst für unsere Gefilde eine wahre Tannen-Königin heran. Sie ist riesig, wurde natürlich unter Naturdenkmalschutz gestellt und lebt seit fast 400 Jahren an der Westflanke des Schönbergs. Ebenfalls unter Naturdenkmalschutz – ganz unscheinbar und doch gewaltig – wächst der angeblich größte und älteste Bergahorn Deutschlands in der Jachenau: Bald 600 Jahre alt soll er sein und misst inzwischen einen Umfang von 5,30 Metern. Er ragt über 30 Meter in die Luft und bildet eine Krone, wie es sie mit Sicherheit kein zweites Mal gibt. Auch der Walchensee, etwas westlich der Jachenau, beheimatet so manchen Baumrecken: In Sachenbach wächst zum Beispiel eine 200 Jahre alte Hochgebirgslatsche. Am Westufer des Walchensees, an den steilen Hängen des Herzogstands und über dem Kochelsee gedeihen sogar die ältesten Bäume Bayerns: Eiben. Hier stehen auffallend viele dieser knöchrigen, 2000 Jahre alten Greise in der Landschaft. Fachleute machen das klimatisch günstige Kochelseebecken und die Kalkhänge mit ihrer Südexposition dafür verantwortlich.

HÖHENPROFIL Asphalt 12,5 km – asphaltierter Radweg 24,5 km – Schotter 18,6 km – Waldweg 7,3 km – Trail 4,6 km – Schieben 0,0 km

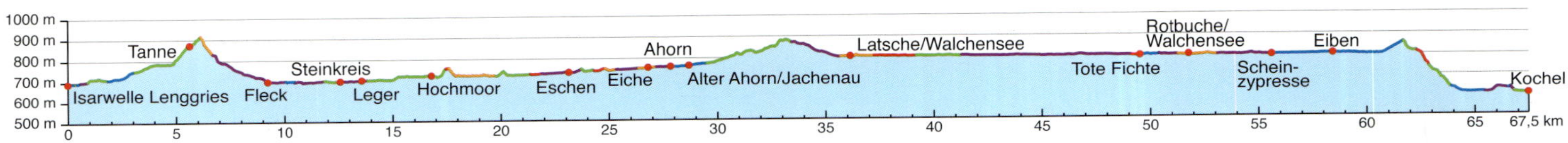

BEWERTUNG	MITTEL ▲
TECHNIK	▲▲▲△△△
KONDITION	▲▲▲▲▲△
FAHRSPASS	▲▲▲△△△
LANDSCHAFT	▲▲▲▲▲△

CHARAKTER Der zweite Abschnitt der Baumtour hat eher Gebirgscharakter. Dennoch sind die Anstiege kurz. Die Tour ist leicht und weist wenige technisch anspruchsvolle Passagen auf (die Abfahrt von der Tanne an der Bauernrast und der Jägersteig bei Letten). Betrachtet man beide Baumtouren als eine Einheit, so hat sie einen extrem abwechslungsreichen Charakter.

TOURSTART Am Erlebnisbad Isarwelle in Lenggries.

ZEITPLANER Am Parkplatz Trimini (Kristall Trimini Schwimmbad) in Kochel am See.

EINKEHR Jachenau Schützenhaus, Kiosk in Sachenbach am Walchensee (selbstgemachte Kuchen und Torten), Waldschenke Niedernach, Pizzeria Lago 4 in Walchensee (klein, aber wirklich fein und unkompliziert), Strandcafé Bucherer (Walchensee), Seehotel Grauer Bär direkt am Kochelsee und Pizzeria La Pineta in Kochel.

ROADBOOK

KM 0,0 Start an der alten Linde, gegenüber dem Eingang des Erlebnisbades Isarwelle in Lenggries.

5,60 Schon seit fast 400 Jahren wächst die an der Bauernrast oberhalb von Fleck stehende Tanne empor. Sie steht mitten im Wald. Ein altes Bild aus den 1930er-Jahren neben dem Nadelriesen zeigt das Naturdenkmal noch freistehend. Für die Bauern war sie schon damals Anziehungspunkt, da ihnen in ihrem Schatten ein schöner Blick auf das Isartal vergönnt war.

16,80 Hochmoor oberhalb von Leger mit Birken und Latschen.

23,10 Zwei alte Eschen bei Höfen: eine vor der Schranke, die andere am Bauernhof hinter der Schranke.

26,80 Die alte Blitz-Eiche (Einschlag deutlich sichtbar) beim Achnerbauern.

27,80 250 Jahre alter Bergahorn am Point, ein Vorgeschmack für den darauffolgenden Ahornriesen.

28,70 Der prächtigste Bergahorn weit und breit, direkt neben der Bundesstraße. Seit fast 600 Jahren steht das Naturdenkmal (5,30 m Umfang, 30 m hoch) an der Schaff-Leitn (Jachenau). Förster kommen von weit her, um ihn zu bewundern. Die Jachenau soll vor langer Zeit der dritte Ahornboden neben den beiden in der Eng gewesen sein. In der Astgabelung wächst sogar eine kleine Esche.

36,10 Die Halbinsel bei Sachenbach am Walchensee, direkt rechts an der Spitze wächst eine Seltenheit: eine Hochgebirgslatsche (Legföhre), als Baum gewachsen und unter Denkmalschutz. Tolle Wurzeln. Hinweis: Aus der Vogelperspektive bildet die Halbinsel ein Herz!

49,50 Tote Fichte von Einsiedln. Viel zu selten dürfen tote

Bäume stehenbleiben. Sie sind wichtige Brutstätten seltener Vögel wie Kleiber, Waldkauz oder Zwergohreule.

51,80 Die wundersame Rotbuche von Zwergern. Ein kleiner 440-Meter-Fußmarsch vom Radweg, dann vor den Dachshöhlen linkerhand.

53,10 Doppelt gewachsene Scheinzypresse in Zwergern.

55,60 Hoch gewachsene Scheinzypresse in Walchensee.

58,50 Am Westufer des Walchensees (von Walchensee bis Urfeld) stehen viele Eiben. Die alten Recken gedeihen hier besonders gut. Die meisten sind nicht sehr groß, aber uralt (über 1000 Jahre) und stehen deshalb unter Naturschutz. Auf der gegenüberliegenden Insel wachsen ebenfalls seltene Eibenbestände. Die älteste Eibe (über 2000 Jahre alt) versteckt sich jedoch am sehr steilen Westabhang des Kiensteins oberhalb von Kochel.

Info Estergebirge und Herzogstand

Die Esterberge und der Herzogstand sind wildromantische Gebirge. Sie liegen eingebettet zwischen Walchensee, Kochelsee, den Ammergauer Bergen, dem Wetterstein und dem Karwendel. Mit dem Bike sind die Paradiese um Krottenkopf und Hohe Kisten gut zu erreichen.

Das Eschenlainetal zwischen Eschenlohe und dem Walchensee trennt die Kocheler Berge von ihrem südlicheren Teil, dem Estergebirge. Der Charakter der beiden Regionen könnte unterschiedlicher kaum sein. Am Herzogstand transportiert eine Seilbahn die Touristen auf den Berg, und der Gratweg zum Heimgarten ist ein beliebtes Ausflugsziel. Ganz anders die Esterberge: Die Gipfel, die einzigen 2000er in den Bayerischen Voralpen, liegen abgelegen. Die Mittenwalder Gebirgsjäger nutzen diese wilde Gegend für Survival-Camps. Von Wallgau und Krün locken jedoch idyllische Rundtouren entlang der Südseite vis-à-vis der höchsten Berge Deutschlands.

GEBIETSINFO

» ANREISE Ab München über die Autobahn A95 Richtung Garmisch, Ausfahrt Eschenlohe. Für Touren ab Krün weiter über Garmisch auf der E2 Richtung Mittenwald. Gerade an schönen Wochenendtagen muss man mit Stau am Autobahnende Eschenlohe rechnen. Alternativ: Ausfahrt Murnau Richtung Kochel, die über die Kesselbergstraße und Walchensee führt.

» MIT DER BAHN Die Regionalbahn fährt von München stündlich über Tutzing und Weilheim nach Garmisch. Eschenlohe liegt auf dieser Strecke. Die Radmitnahme ist problemlos. Auch nach Klais bei Krün fährt stündlich ein Zug von München; hier muss man sich aber rechtzeitig um die Radmitnahme kümmern.

» BIKE-SHOPS

Eschenlohe: „Meiks Bikes" setzt seine edlen Bikes cool in Szene. Von der reinrassigen Rennmaschine bis hin zum fetten Freerider steht die ganze Palette da. Der Service ist top, und einen Kaffee gibt's dazu! Bike-Marken: Cannondale, GT, Rocky Mountain. Schlauchautomat. Infos: www.meiksbikes.de

Kochel: Heinritzi Fahrrad: Den Bike-Shop gibt es schon eine gefühlte Ewigkeit – das allein sollte für Qualität bürgen. Der Chef ist selbst begeisterter Biker und weiß, was funktioniert. Schlauchautomat. Bike-Marken: KTM, Scott, Infos: www.heinritzi-fahrrad.de

» ESSEN - SCHLAFEN

Krün: • Maximilianhof Café Einkehr (gute Küche, auch gute Unterkunft! Tel. 08825/9219260, www.einkehr-maximilianshof.de) • Block's Post (toll bayrisch).

Walchensee: • Lago 4 (schnelle Pizza) • Café Bucherer (schöne Lage). Unterkunft: Camping Walchensee, Lobisau (nett am See), www.camping-walchensee.de

Kochel: • La Pineta (Pizza und Pasta) • Grauer Bär (direkt am See) • Zum Giggerer (Bauernhof Café). Unterkünfte: Zum Giggerer, Tel. 08851/5127, www.giggerer.de. Campingplatz Kesselberg (nett am See), www.campingplatz-kesselberg.de

Eschenlohe: • Gasthof zur Brücke (gutes Fleisch) • Landgasthof Alter Wirt (gut bürgerlich). Unterkunft: Alpenhotel Wengererhof, Tel. 08024/92030, www.alpenhotel-wengererhof.de

23 D'Kischtn – a boarische Diva

34,4 km 1.538 hm 3:56 h

So nah und doch so fern, wie eine unantastbare Diva. Der Weg auf die Hohe Kisten ist mühsam, aber lohnend: Wildromantische Einsamkeit, atemberaubende Ausblicke und eine Seeperle am Südhang machen die Anstrengungen mehr als wett.

Fährt man von München auf der Autobahn Richtung Garmisch, so türmt sich ab Eschenlohe im Osten das Estergebirge auf. Der erste ernsthafte, gut 1900 Meter hohe Gipfel ist die Hohe Kisten. Ein eigenwilliges Weibsbild! Hohe Kisten, weil der Gipfelaufbau wirklich so aussieht, als hätte jemand seinen überdimensionalen Umzugskarton dort oben stehen lassen. Nicht nur, wenn sich am Autobahnende, Richtung Garmisch die Blechlawine zurückstaut, rentiert es sich, die Ausfahrt Eschenlohe zu wählen. Die Bike & Hike-Tour ist eine der schönsten Panoramatouren in der Gegend. Die Auffahrt ist zwar recht lang und „ziagt" sich, wie man auf Bayrisch sagt. Aber: Bis auf ein paar Rampen stellt die Strecke für entschlossene Frauenhelden keine große Hürde dar. Die letzten Meter zum Gipfel muss man etwa eine halbe Stunde zu Fuß stapfen. Ich bin ein Freund von Gipfelübernachtungen. An einem lauen Spätsommerabend zog mich der Gipfel an wie eine schöne Frau. Ich packte meinen leichten, aber warmen Schlafsack, eine Thermosflasche mit Tee für den Morgen und eine fette Stirnlampe ein. Kurz vor Ende des Schotterwegs auf Höhe Einstieg Simetsberg – es war bereits mitten in der Nacht – kamen mir zwei Jäger in ihrem kleinen Suzuki-Jeep entgegen. „Wos duast denn du do um de Zeit? Woaßt du net, dass d'Hirsch störst?" Da ich keinen Streit wollte, erklärte ich ihnen, dass ich kein Wilderer sei und keine Hirsche stören wolle. Sie verstanden keinen Spaß. Der Beifahrer sagte nur: „Immer de junga Leid mit ihrm neimodischn Schmarrn und koa Gfui mehr füa'd Natur."

HÖHENPROFIL Asphalt 3,3 km – asphaltierter Radweg 0,0 km – Schotter 27,0 km – Waldweg 0,5 km – Trail 1,6 km – Schieben 1,8 km **Bike & Hike**

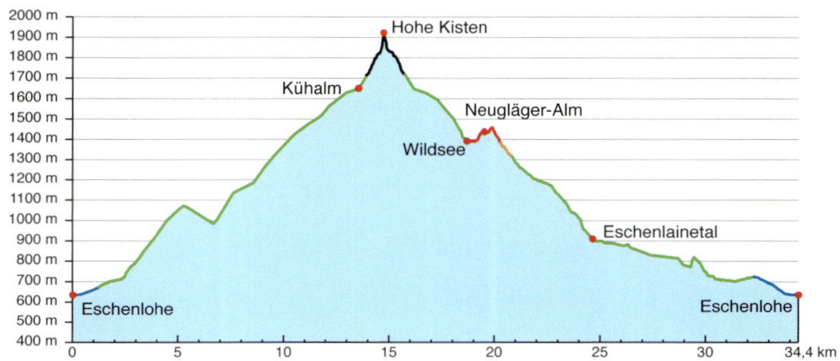

BEWERTUNG	MITTEL ▲
TECHNIK	▲▲▲△△△
KONDITION	▲▲▲▲▲△
FAHRSPASS	▲▲▲△△△
LANDSCHAFT	▲▲▲▲▲△

CHARAKTER Die mit knapp 1100 Höhenmetern lange Auffahrt verlangt eine gute Kondition, weil es nur stellenweise (eine kurze Zwischenabfahrt) Gelegenheit zur Erholung gibt. Auch der Aufstieg zum Gipfel und später der Weg über die Neugläger-Alm bis zum Brünnel kosten noch etwas Kraft. Die Abfahrt ist technisch nicht all zu anspruchsvoll und verläuft größtenteils über Forststraßen. Landschaftlich bietet die Tour, gerade mit dem Kaiserblick vom Gipfel, vor allem eins: wilde Natur.

TOURSTART Im Ortszentrum von Eschenlohe, am Dorfplatz bei der Kirche. Parken darf man vor dem Rathaus, an der Kirche oder in der Murnauerstraße bei Meiks Bikes auf dem Hof.

BIKE & HIKE Ein kleines Schloss fürs Bike mitnehmen und von oberhalb der Rechtlerhütte 30 Minuten zur Hohen Kisten wandern!

EINKEHR Auf der gesamten Strecke gibt es keine Möglichkeit zur Einkehr! An manchen Tagen kann man an der Rechtlerhütte eine Apfelschorle bekommen. Darauf sollte man sich aber nicht verlassen.

HINWEIS Wer nach dem Gipfelsieg nicht mehr schieben möchte, der fährt nach der Rechtlerhütte nicht zum Moorsee hinab, sondern geradeaus weiter bis zur langen Linkskurve. Dort führt ein kleiner Steig rechts direkt zur Neugläger-Alm.

ROADBOOK

KM 0,0 Vom Ortszentrum Eschenlohe fährt man über die neue Loisachbrücke und dann geradeaus in Richtung „Krottenkopf", zuerst auf der Krottenkopfstraße und dann auf der Schellenbergstraße. Bald schon kommt man an einen Parkplatz, der aber gerade am Wochenende oft ziemlich voll ist. Wer früh dran ist, kann auch von hier starten.

1,40 Ab der nächsten, prägnanten Linkskurve geht es für ungefähr 13 Kilometer – abgesehen von einer kurzen Zwischenabfahrt – nur bergauf.

13,90 Kurz hinter der Rechtlerhütte lässt man das Bike stehen und macht sich zu Fuß zum Gipfel auf. Etwa 20 bis 30 Minuten braucht man dafür, und im letzten Teil muss man auf wackeligen Radlschuhen auch mal die Hände zur Hilfe nehmen.

17,90 Man rollt etwa 1700 Meter die Auffahrt wieder hinunter und biegt dann spitz rechts Richtung Wallgau und Wildsee ab. Nach der zweiten Kehre kurz vorm See links in den Wiesenweg einbiegen. Schwer zu sehen, aber rot angemalte Steine weisen den Weg links hoch zur Neugläger-Alm. Schon bald kommt man auf einen mit Steinen durchsetzten Weg und muss stellenweise schieben.

19,80 Am Neugläger-Sattel geht es bergab, erst Richtung Wallgau, dann links Richtung Obernach.

24,60 An einem Wegedreieck – bereits fast unten im Tal – biegt man links ins Eschenlainetal ab. Dieses fährt man immer in Richtung Westen, talauswärts; dabei durchquert man noch zwei Furten.

34,39 Ortszentrum Eschenlohe. Ende der Tour.

24 Herzogstand-Tour 43,5 km 1.157 hm 4:21 h

Hinauf fühlt man sich wie ein armer Packesel, hinunter wie ein Abenteurer. Oben angekommen, erwartet einen etwas Königliches, bevor der Pionierweg direkt ans Ufer des kältesten Sees dieser Region führt: zum Kochelsee.

Schon König Ludwig II. wusste um die Besonderheit des Herzogstandes – man sagt, es sei sein Lieblingsberg gewesen. Nun, das sagt man von vielen Bergen in Bayern. Zumindest ließ er sich hier eine Jagdhütte bauen – genau dort, wo das heutige Herzogstandhaus steht. Hier erwartet einen ein wirklich königlicher Blick über den Walchensee und die dahinter liegenden Berge wie das Rofan im Osten und das majestätische Karwendelgebirge im Süden. Der Gipfel des Herzogstandes ist vom Herzogstandhaus in etwa 30 Minuten leicht zu erreichen. Der Blick ist nicht nur königlich – er ist kaiserlich. Wegen seiner besonderen Lage direkt am Alpenrand und seiner steilen Nordflanke wurde der Herzogstand auch für die Wissenschaft interessant. In den 1920er-Jahren wurde eine gigantische Bergantenne gebaut, indem man mehrere Stahlseile vom Gipfel bis zum Kochelsee spannte. Gedacht als Groß-Funkstation, um eine Verbindung in den Fernen Osten zu schaffen, wurde die Anlage später zur Atmosphärenforschung genutzt. Der Pionierweg über dem Südufer des Kochelsees wurde weder im Dienste der Wissenschaft, noch zu militärischen Zwecken angelegt. Er wurde 1892 in nur 14 Tagen von zwei Kompanien des 1. Bayerischen Pionierbataillons in den Fels geklopft. Erdacht und geplant hatte die Wegführung zuvor die Alpenvereinssektion München für einen banalen Zweck: das Wandern. Heute ist der Pionierweg ein Geheimtipp unter versierten Mountainbikern.

HÖHENPROFIL Asphalt 10,6 km – asphaltierter Radweg 1,8 km – Schotter 26,9 km – Waldweg 1,4 km – Trail 2,8 km – Schieben 0,0 km **Bike & Hike**

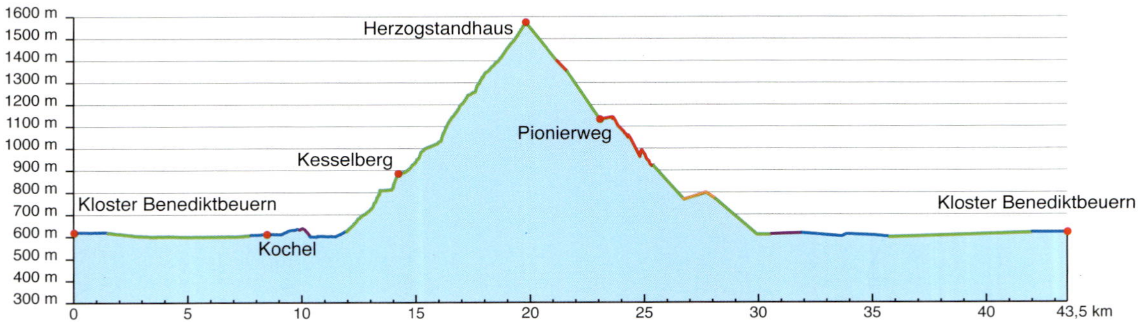

BEWERTUNG	SCHWER ▲
TECHNIK	▲▲▲▲▲▲
KONDITION	▲▲▲▲▲△
FAHRSPASS	▲▲▲▲▲△
LANDSCHAFT	▲▲▲▲△△

CHARAKTER Die Tour auf den Herzogstand ist schwer, da teilweise extrem steil. Doch die Blicke vom Herzogstandhaus in Richtung Süden lassen einen die Strapazen der Auffahrt gleich wieder vergessen. Die Abfahrt über den Pionierweg ist anspruchsvoll und lässt das geübte Trail-Herz höher schlagen.
TOURSTART Der Start am Kloster Benediktbeuern beschert mit der Fahrt entlang der Loisach nach Kochel einen schönen Einstieg und sorgt auch für einen entspannten Ausklang der Tour. Wer es eilig hat, der kann die Runde deutlich abkürzen, indem er in Kochel startet. Hier bieten sich die Parkplätze am Trimini (Schwimmbad) oder der bei der Firma Dorst (an der B11 Richtung Kesselberg) an.
BIKE & HIKE Vom Herzogstandhaus lässt sich der Gipfel mit seinem Aussichtspavillion in etwa 30 bis 45 Minuten erwandern (Bikeverbot). Er bietet tolle Blicke über den Kochelsee, das Voralpenland sowie in den Alpenhauptkamm in Richtung Süden. Schloss nicht vergessen! Wer nur die Aussicht genießen möchte, aber nicht gern Trails fährt, der fährt die Auffahrt wieder nach Kochel hinunter – auch die alte Kesselbergstraße rockt bergab! Der Kochelsee lädt an heißen Sommertagen zum Baden ein. Badehose einpacken!
EINKEHR Klosterstüberl Benediktbeuern, Gasthof Grauer Bär in Kochel am See und das Herzogstandhaus, das aber nicht immer offen hat.

ROADBOOK

KM 0,0 Die Tour startet in Benediktbeuern und führt anfangs auf dem Radweg entlang der Loisach nach Kochel.
11,90 Nach dem Abzweig zum Kraftwerk wählt man rechts die alte Kesselbergstraße.
14,20 Am Kesselbergsattel geht es gleich rechts die Forststraße hinauf in Richtung Herzogstandhaus. Auch auf diesem Stück geht es mitunter extrem steil bergauf. Erst ab der Schlehdorfer-Alm (toller Blick auf den Kochelsee!) im Kessel zwischen Fahrenberg, Martinskopf und Herzogstand wird es etwas flacher, und auch der Blick hinauf zum Herzogstandhaus motiviert.
21,20 In der Abfahrt kann man schon an der Schlehdorfer-Alm mit einem kleinen Trail die Forststraße abkürzen.
23,00 In einer prägnanten Rechtskurve, die man schon von der Auffahrt kennt, weisen Schilder in Richtung Pionierweg und Schlehdorf. Wer nicht gern Trails fährt, bleibt auf der Forststraße. Für diejenigen, die gern anspruchsvolle „Wergerln“ fahren, fängt der Spaß jetzt an! Der Trail verläuft teilweise durch extrem steiles Gelände, sodass man sich keinen Fehler erlauben sollte. An zwei Stellen muss man kurz bergauf schieben.
26,70 Auf etwa 900 Metern Höhe mündet der Trail in eine Forststraße, der man weiter bergab folgt. Am nächsten Abzweig nimmt man rechts den Jocher Höhenweg, der erst flach durch den Wald und dann hinunter zum Walchenseekraftwerk führt.
43,54 Kloster Benediktbeuern. Ende der Tour.

25 Esterberg-Umrundung 53,9 km 1.434 hm 5:23 h

Eine weite Runde um die höchsten und wildesten Berge der Bayerischen Voralpen. Auf der Esterberg-Umrundung erfährt man die ganze Schönheit und Vielseitigkeit dieser schönen Region – aber auch seine eigenen Grenzen.

Die Umrundung des Estergebirges bietet alles, was „a gscheite" Biketour ausmacht. Gerade im Spätsommer und im Herbst spielen die Farben und die klare Luft miteinander dieses besondere, bezaubernde Lied der Natur und lassen Bikerträume wahr werden. Landschaftlich jagt ein Highlight das nächste. Das Estergebirge türmt sich zwischen Loisach und Walchensee auf. Die höchsten Berge und die einzigen 2000er der Bayerischen Voralpen (Krottenkopf, Bischof und Oberer Risskopf) befinden sich im Estergebirge. Zu Beginn der Umrundung geht es durch das wildromantische Eschenlainetal, und gleich darauf versüßen Blicke auf den Walchensee die Auffahrt. Aber aufgepasst: Vormittags kann es an der Ostflanke des Simetsbergs heiß werden – der Wald hat wie ein alter Herr Haare gelassen und ist licht. Hinunter in Richtung Wallgau beginnt der erste kurze Trail-Spaß. Im Isartal wird man vom spektakulären Panorama, das einem das Karwendel und die Ostausläufer des Wettersteins bieten, geradezu erschlagen. Das Finzbachtal gehört mit Sicherheit zu einem der schönsten Flecken dieser Erde, und die Blicke vom Gschwandtnerbauern oder von der Eckenhütte hinüber auf die Alpspitz, den Waxenstein und die Zugspitze suchen ihresgleichen. Von Partenkirchen rollt man, immer die beeindruckenden Westflanken des kleinen Kalkgebirges im Blick, entlang der Loisach gemütlich bis nach Eschenlohe.

HÖHENPROFIL Asphalt 3,2 km – asphaltierter Radweg 10,1 km – Schotter 31,2 km – Waldweg 2,9 km – Trail 5,9 km – Schieben 0,7 km

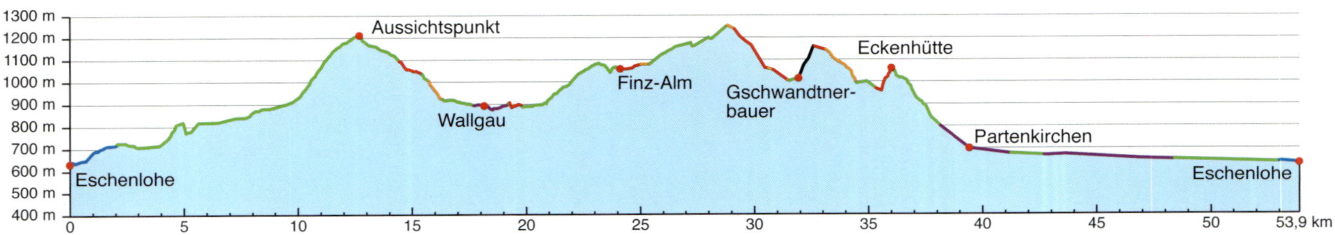

BEWERTUNG	SCHWER ▲
TECHNIK	▲▲▲▲
KONDITION	▲▲▲▲▲▲
FAHRSPASS	▲▲▲▲
LANDSCHAFT	▲▲▲▲▲▲

CHARAKTER Eine Bike-Tour, die alles bietet: Konditionell fordernd auf meist mäßig steilen Anstiegen, harte Singletrail-Auffahrten wie zur Eckenhütte, technisch anspruchsvolle Abschnitte, flowige Trails, eine Schiebe- und Tragepassage sowie Landschafts- und Naturerlebnisse, die auf der Festplatte eines Biker-Hirns gespeichert bleiben.

TOURSTART Im Ortszentrum von Eschenlohe, am Dorfplatz bei der Kirche. Parken kann man vorm Rathaus, an der Kirche oder in der Murnauerstraße bei Meiks Bikes auf dem Hof.

EINKEHR Die Finz-Alm liegt idyllisch und ist für den kleinen Hunger perfekt. Beim Gschwandtnerbauern sollte man unbedingt eine Rast einplanen und die Blicke von der Terrasse genießen.

KM 0,0 Vom Ortszentrum Eschenlohe aus überquert man die Loisach über eine neu gebaute Brücke und knickt dann links in die Walchenseestraße ab. Weiter oben liegen zwei weitere Parkplätze (alternative Startorte).

2,10 Nach gut zwei Kilometern biegt man rechts auf die Forststraße Richtung Walchensee ab. Den Wegweisern folgt man nun stets durch das traumhafte Eschenlainetal, bis auf zwei kurze Rampen geht es meist mäßig steil bergauf.

9,80 Hier biegt man rechts Richtung Simetsberg ab. Dieser Forststraße folgt man immer in Richtung Wallgau.

12,70 Am Aussichtspunkt auf etwa 1200 Metern sollte man sich die Zeit nehmen für einen letzten Blick in Richtung Walchensee. Dann geht es bergab.

14,40 Nach einer prägnanten Linkskehre flitzt man auf das erste, lustige Trail-Stückchen durch den Wald bis nach Wallgau (wer dann den Trail-Abzweig nach dem Lexengraben verpasst, der fährt einfach auf der Forststraße weiter bergab Richtung Wallgau).

20,90 Folgt man auf der Forststraße immer den Wegweisern Richtung Finz-Alm, gelangt man schließlich auf den Finzbach-Trail. Auch wenn man hier treten muss, der schmale Weg, der sich mal nah am Finzbach, mal etwas oberhalb entlangschlängelt, ist, wenn auch nicht allzu lang, ein wahrer Traum!

25,40 Vom Finzgraben heraus führt dann eine Forststraße mit moderater Steigung zum Gschwandtnerbauern. Doch bis zur nächsten Rast muss noch eine etwas zähere Steigung bewältigt werden, an die sich aber die schönsten Trail-Abschnitte dieser Tour anschließen!

31,90 Eine kleine Stärkung beim Gschwandtnerbauern

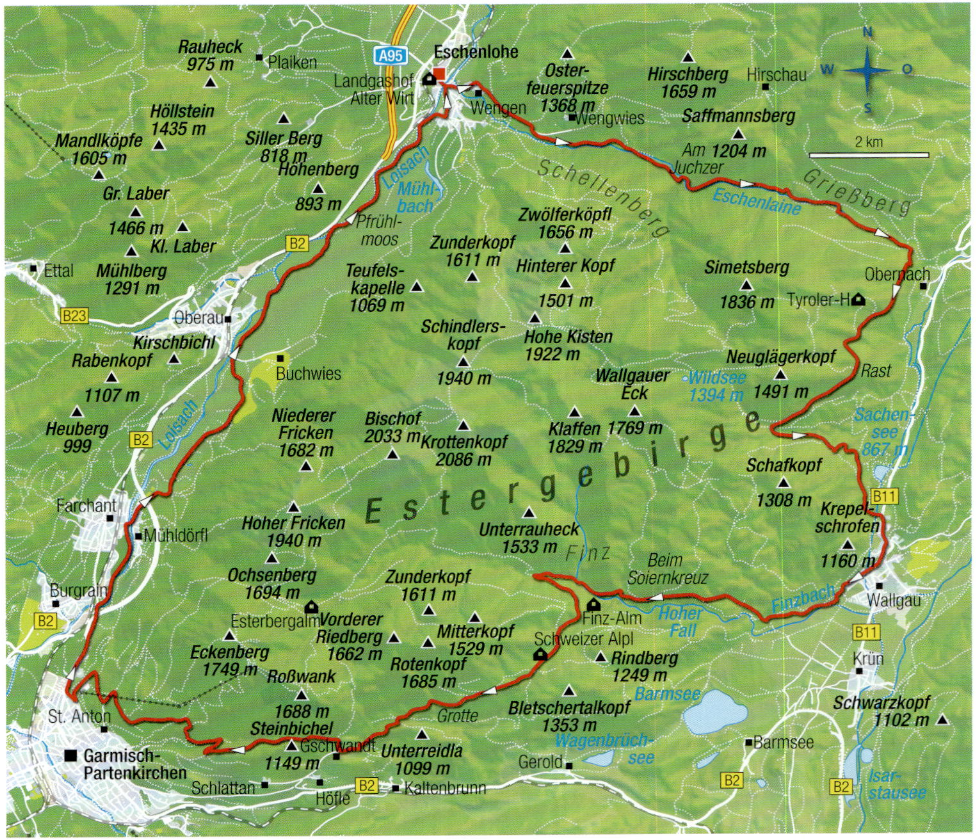

schadet nicht, denn danach folgt eine etwa 20-minütige Schiebe- und Tragepassage. An der Nordostseite des Gehöfts steigt der Wanderweg Richtung Wank, Esterberg und Weilheimer Hütte steil den Hang hinauf. Nach etwa 50 Höhenmetern zweigt links ein Wanderweg Richtung Gamshütte und Partenkirchen ab. Diesen schiebt man gute 100 Höhenmeter hinauf, bis er flacher und fahrbar wird. Die Plackerei rentiert sich. Der anschließende Wanderweg schlängelt sich spaßig durch den Wald (bitte Rücksicht auf Wanderer nehmen!).

34,50 Kurz vor der Gamshütte zweigt rechts ein unbeschilderter Pfad ab. Die kurze Auffahrt zur Eckenhütte tut richtig weh, fordert eine solide Bergauftechnik oder zwingt zum Schieben. Aber auch hier belohnt einen die Natur fürstlich!

36,00 Die Abfahrt auf grobem Schotter hinunter zur Wankbahn-Talstation lässt das Downhill-Herz höher schlagen.

39,40 Von Partenkirchen aus folgt man dann immer dem gut ausgeschilderten Radweg an der Loisach entlang nach Eschenlohe.

53,88 Ortszentrum Eschenlohe. Ende der Tour.

26 Simetsberg-Umrundung 23,8 km 986 hm 2:23 h

Der Simetsberg hat viele Gesichter: Vom Herzogstand aus gesehen wirkt er schroff, vom Walchensee aus erhaben, und wenn man vom Wallgau aus zu ihm aufschaut, eher rund und sanft. Erst bei einer Umrundung offenbart sich die Vielseitigkeit dieses Berges.

Wer mitten in der Jachenau talaufwärts Richtung Westen schaut, erblickt einen spitzen Berg mit langem Rücken: den Simetsberg. Zwischen ihm und dem Beobachter ruht inmitten der bayerischen Voralpen der Walchensee. Für Gipfelgeher macht die isolierte Lage des Simetsbergs den besonderen Reiz aus. Der Gipfel an der Ostseite der Esterberge ist ein Geheimtipp unter Wanderern und Bikern. Zudem versteckt sich – ich wage es kaum zu verraten – in einer Waldsenke zwischen Simetsberg und Hohe Kisten ein bezaubernder, kleiner Wildsee, der selbst auf 1400 Metern bis in den September zum Baden einlädt – vorausgesetzt, das Waten über weichen Moorboden macht einem nichts aus (bitte Rücksicht auf das empfindliche Biotop nehmen). Wer den See auslassen und lieber den schönen Gipfel erklimmen möchte, kann eine Abkürzung am Neuglägersattel (Neuglägerkopf) nach rechts über den Steig wählen. Der Aufstieg (ohne Bike, sportliche Freerider mit ihrem Hobel) vollzieht sich größtenteils durch Wald, der Gipfel dagegen bietet tolle Ausblicke: Der Walchensee, das Estergebirge mit dem Krottenkopf als höchstem Gipfel, das Karwendel und das Wettersteingebirge erstrahlen in voller Pracht. Auf den weitläufigen Almwiesen toben Pferde und Kühe völlig frei – einmalig!

Die Abfahrt in das Eschenlainetal und die Abkürzung über einen vergessenen Jägersteig (technisch nicht besonders schwer, aber leider verwildert) ins Tal hinunter versprechen noch ein Mini-Abenteuer mit krönendem Abschluss.

HÖHENPROFIL Asphalt 0,0 km – asphaltierter Radweg 00,0 km – Schotter 18,5 km – Waldweg 3,2 km – Trail 1,4 km – Schieben 0,7 km **Bike & Hike**

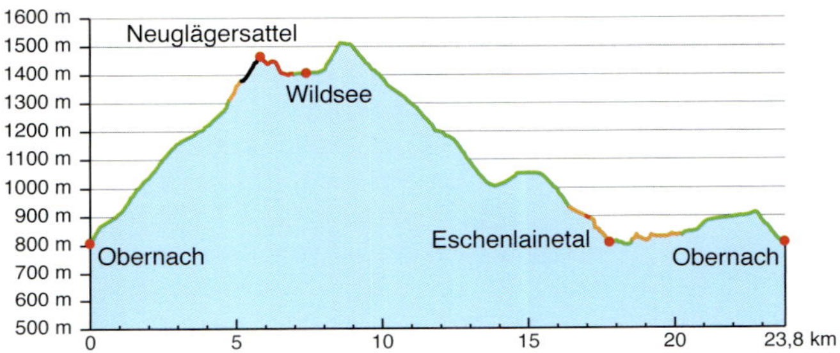

BEWERTUNG	MITTEL ▲
TECHNIK	▲▲▲▲△△
KONDITION	▲▲▲▲△△
FAHRSPASS	▲▲▲▲△△
LANDSCHAFT	▲▲▲▲▲△

CHARAKTER Größtenteils verläuft diese mittelschwere Tour auf Schotterwegen. Kurze Schiebepassage bei der Auffahrt vorm Neuglägersattel. Die Abfahrt zum See ist erst leicht, dann verblockt, aber für sportliche Fahrer fahrbar.

TOURSTART Obernach am Parkplatz (neuerdings gebührenpflichtig und höhenbegrenzt). Ausweichmöglichkeit: Parkplatz Einsiedl gegenüber dem Mauthäuschen.

BIKE & HIKE Wer zum Gipfel möchte, sollte den See auslassen und am Neuglägersattel den fahrbaren Steig rechts wählen. Der Einstieg für den Gipfelsüdwestanstieg ist schlecht markiert und befindet sich etwa 100 Meter oberhalb des Gatters am Schotterweg nach Eschenlohe (Hinweis: Steinhaufen und kleines, verwittertes Schild).

HINWEIS Die Abkürzung vom Schotterweg rechts ins Eschenlainetal scheint anfangs leicht, da ein Forstweg aufgeschüttet wurde. Der endet leider. Von dort zieht sich der Jägersteig steil nach unten (schieben), dann quert er scheinbar ins verwachsene Nichts. Mit GPS sollte der Weg zu finden sein. Oder dem Roadbook vertrauen: Nach fünf Minuten taucht ein alter Karrenweg auf. Alternative: Bis zur Asamklamm nach Eschenlohe fahren und das Eschenlainetal von unten hinauffahren.

EINKEHR Unterwegs gibt es keine Einkehrmöglichkeit. Pizzeria Lago 4 in Walchensee (klein, aber wirklich fein und unkompliziert), Strandcafé Bucherer (Walchensee).

ROADBOOK

KM 0,0 Von Obernach zieht sich eine breite Forststraße erst Richtung Eschenlohe, dann Richtung Simetsberg ostseitig hinauf (schon morgens viel Sonne).
3,90 Den zweiten Abzweig Richtung Krottenkopf, Wildsee wählen. Kurz vor der Neugläger-Alm muss geschoben werden.
5,80 Die eigentliche Tour führt über den sportlichen Trail von der Scharte an der Neugläger-Alm hinab zum Wildsee.
7,00 Kurz vor der Seehütte (privat) zweigt der Weg dann nach rechts steil hinauf. Dies ist der Zubringer zum Hauptweg Eschenlohe-Hohe Kisten.
8,60 Am Hauptweg geht's bergab Richtung Eschenlohe.
16,40 Am Schellberg (Anhaltspunkt: Höhe Wangwies auf der anderen Talseite) biegt man rechts in den neuen, unscheinbaren Karrenweg ein. Der endet in einer Sackgasse, und man folgt dem alten Jägersteig, der wiederum in einen Karrenweg mündet.
17,80 Ab dem Eschenlainetal biket man flussaufwärts Richtung Walchensee zurück.
23,78 Parkplatz Obernach. Ende der Tour.

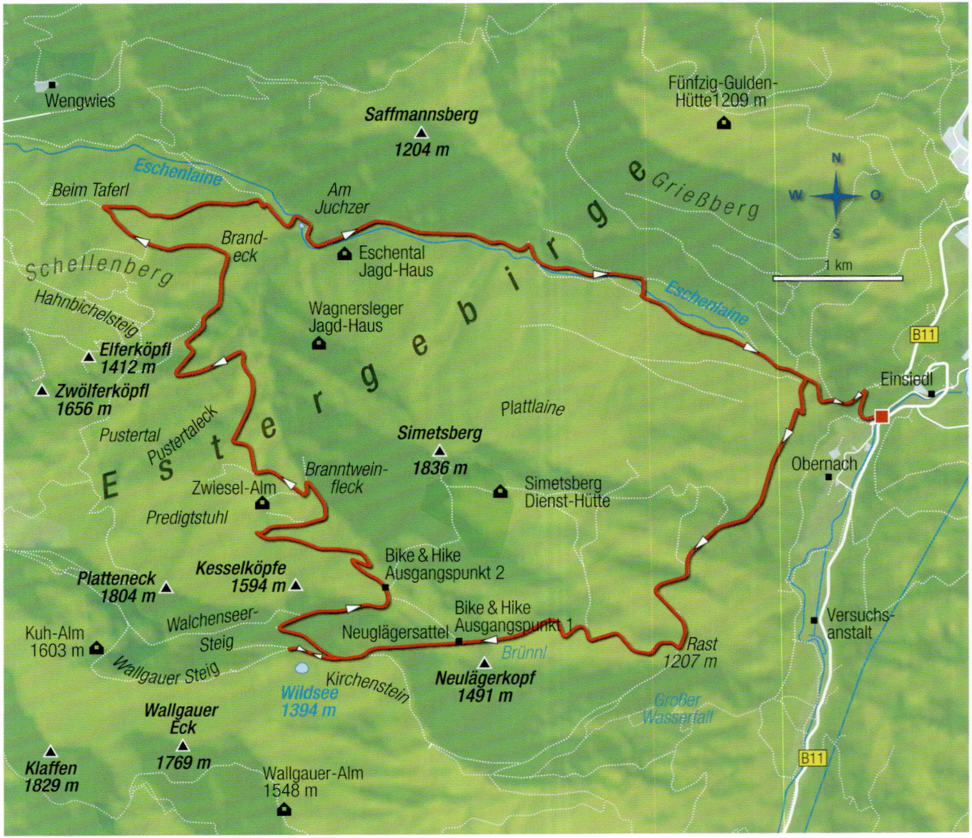

27 Sinnesrausch Wallgauer-Alm 22,1 km 877 hm 2:13 h

Die Auffahrt von Krün über die Krüner-Alm zur Wallgauer-Alm ist schon mal sehr abwechslungsreich. Sie wird nur noch vom langen und fetzigen Singletrail getoppt, der ins Tal zurückführt – ein absoluter Rausch der Sinne.

Ein „Geheimtipp“ ist die Abfahrt von der Wallgauer-Alm über den Steig nach Wallgau nicht mehr. Aber „oft frequentiert“ ist eine Behauptung, die man so auch nicht stehen lassen kann. Für sportliche Mountainbiker stellt der empfohlene Singletrail bis Wallgau eine freudige Überraschung dar: mal steil, mal flach, mal schattig im Wald, dann wieder lichte Passagen, bergauf, wieder bergab, hier eine Querung und dort ein steiler Stich durch ein Flussbett. Kurz: Ein Downhill-Spaß, bei dem man sich am Ende High-Fives gibt. Wer eine traditionelle Alm-Rundtour bevorzugt, kann direkt auf die Wallgauer-Alm treten (steile Schlussrampe) und für den Rückzug ebenfalls die Forststraße wählen. Die vorgestellte Tour führt jedoch an der Krüner-Alm vorbei. Doch Vorsicht: Im Sommer lassen sich hier faule Wanderer vor allem am Wochenende in Shuttle-Bussen hinaufkarren. Zu Fuß ist es ja auch ein weiter Hatscher. Mit dem Bike fällt das gar nicht ins Gewicht. Am neu angelegten Serpentinaufstieg ist Biken nicht erlaubt (schieben!). Doch dann kann man wieder mit seinem Ross über den etwas holprigen Quersteig bis oberhalb der Wallgauer-Alm (bewirtschaftet) reiten. Wie immer wähle ich die Extrawurst und knabbere meine Käsestullen in aller Ruhe zusammen mit dem grasenden Jungvieh auf den schönen Wiesen über der Alm. Hier hat man eine spektakuläre Aussicht auf die umliegenden Berge, und dabei fällt der Blick unwillkürlich auf eine hellbraune Hauptader im grünen Fell des Bergrückens – ein wirklich berauschender Singletrail, das Abfahrts-Highlight dieser Tour!

HÖHENPROFIL Asphalt 0,0 km – asphaltierter Radweg 3,6 km – Schotter 12,6 km – Waldweg 0,2 km – Trail 5,1 km – Schieben 0,6 km

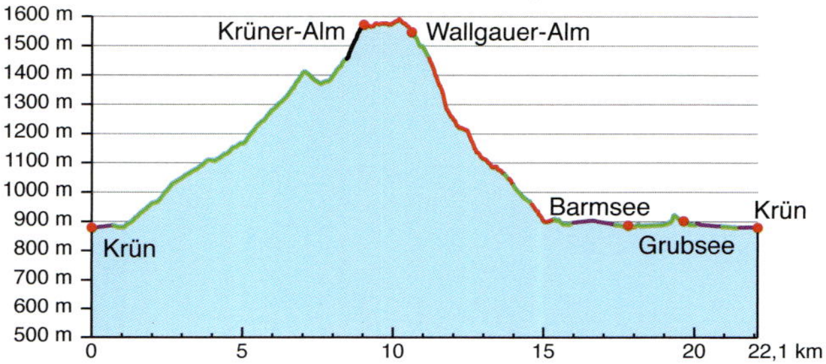

BEWERTUNG	MITTEL – SCHWER ▲▲
TECHNIK	▲▲▲▲▲△
KONDITION	▲▲▲▲△△
FAHRSPASS	▲▲▲▲▲▲
LANDSCHAFT	▲▲▲▲△△

CHARAKTER Konditionell eher leicht, verlangen die Trails bergab doch etwas mehr Fahrkönnen. Die Querpassage zwischen Krüner-Alm und Wallgauer-Alm ist trialmäßig. Der Steig oberhalb der Wallgauer-Alm ist kurz, aber eine wahre Freude. Im Wald wechseln steile und schwere Passagen (alles gut fahrbar) mit leichten und schnellen Teilstrecken ab.

TOURSTART Am Café Einkehr (Schild Maximilianhof in Krün folgen). Parken ist kostenlos. Der Kuchen beim Wirt und dreifachen Telemarkweltmeister Robby Brackenhofer lohnt sich. Alternativ am gebührenpflichtigen Wanderparkplatz an der Krottenkopfstraße in Krün (Anschluss zum Track 600 Meter geradeaus an der Kreuzung Otenwangerweg) parken.

HINWEIS Von Juni bis September fährt ein Shuttlebus Richtung Krüner- und Wallgauer-Alm. Dreimal wöchentlich, dienstags, donnerstags und sonntags, verkehrt der „Almbus". Er fährt jeweils einmal morgens (8:45 Uhr ab Wallgau) und einmal nachmittags (16:35 Uhr ab Wildbädermoos-Alm) – gut zu wissen, wenn man am Trail ist.

EINKEHR Wallgauer-Alm, Café Einkehr in Krün.

ROADBOOK

KM 0,0 Vom Maximilianhof rollt man gemächlich Richtung Finzbachklamm. Im Wald zieht sich der Forstweg nicht allzu steil bergauf zur Finz-Alm, Krüner-Alm und Wallgauer-Alm hoch.

7,00 Beim zweiten, markanten Abzweig an der Wildbädermoos-Alm die kurze Gefällstrecke geradeaus Richtung Krüner-Alm fahren.

8,50 Der Weg endet an der Materialseilbahn. Ab hier das Bike den neuen Serpentinensteig Richtung Krüner-Alm hinauf schieben.

9,00 Die Querung rechts hinüber zu den Almwiesen oberhalb der Wallgauer-Alm ist eher verwurzelt und verblockt (eventuell schieben).

10,20 Ab dem Hinteren Almgraben fließt der Pfad links an der Alm vorbei und mündet in den Schotterweg.

11,20 Nach etwa 500 Metern biegt man links in den Trail Richtung Wallgau ab (Einstieg eher steil) und quert mehrmals den Schotterweg nach unten.

13,90 Auf dem Forstweg nach Wallgau den Abzweig nach Krün, Finzbachklamm nicht verpassen. Der Steig durchquert zwei Bachbette und endet im Tal.

17,80 Unten angekommen, kühlt man sich das Gemüt mit einem Sprung in den herrlichen Barmsee, den man im Anschluss noch umrundet.

22,11 Maximilianhof. Ende der Tour.

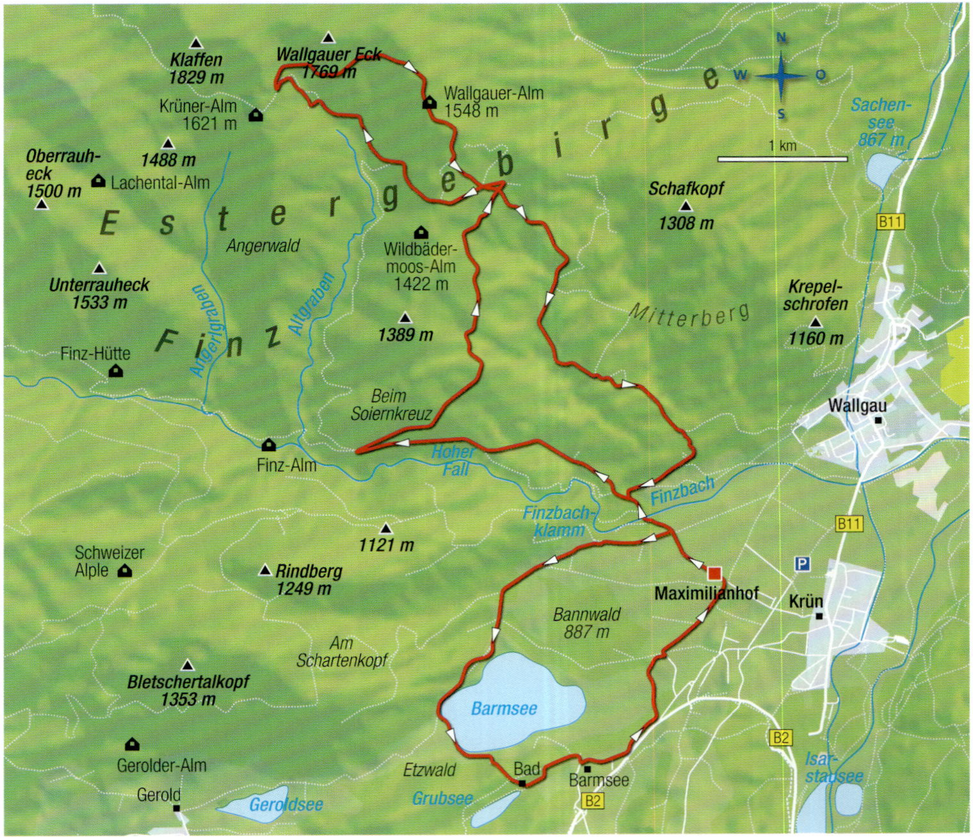

28 Brückentour zum Geroldsee 29,0 km 961 hm 2:54 h

Mit viel Aufwand bauten die Bauern früher Wege zu ihren Almen. Unter der Krüner-Alm schlängelt sich ein einzigartiger Weg durch den Altgraben ins Tal. Sieben Brücken machen es möglich. Auch für Trail-Einsteiger ein prima Tipp.

Während im Winter die Langlaufloipen um Krün und Wallgau dominieren (Biathletin Magdalena Neuner kommt übrigens aus Wallgau), regieren vom Frühjahr bis Herbst die vielen Mountainbike-Trails. Mit der Brückentour taucht man richtig in die Region Estergebirge ein. Die Strecke ist so gewählt, dass auch Mountainbike-Einsteiger in den Genuss einer „richtigen Tour" ohne böse Überraschungen und frustrierende Schiebepassagen kommen. Die nicht zu steilen 520 Höhenmeter bis zur Wildbädermoos-Alm (Diensthütte) sind gut zu meistern (die Stichvariante zur Wallgauer-Alm ist kurz, aber steil). Die Abfahrt über die vielen Brücken lassen erahnen, wie viel Spaß man abseits breiter Forstwege haben kann. Die romantische Finz-Alm (bewirtschaftet) und die idyllische Trail-Passage am Finzbach entlang steigern das Naturerlebnis. Für Bike-Profis ist diese Variante als erste Aufwärmtour zu empfehlen. Der Rückweg führt vor hochalpiner Kulisse (Karwendel und Wetterstein) an die beiden Bilderbuch-Moorseen: Geroldsee und Barmsee. Tipp für Konditions-Freaks: Die gesamte Tour kann man auch in umgekehrter Richtung hervorragend biken. Erste Herausforderung ist dann der Anstieg nach dem Geroldsee über den Moosberg zur Finz-Alm. Die Auffahrt über den Brücken-Trail (Altgrabental) ist gut fahrbar, die Landschaft noch besser zu genießen, da man sich nun im Zeitlupentempo hinauf arbeitet. Abschließen sollte man diese Variante mit einem Einkehrschwung in die Wallgauer-Alm. Je nach Lust, Laune und Fahrkönnen, wählt man für die Abfahrt den Forstweg oder den Wallgauer Trail (siehe Tour 27).

HÖHENPROFIL Asphalt 0,0 km – asphaltierter Radweg 3,0 km – Schotter 19,4 km – Waldweg 1,0 km – Trail 5,6 km – Schieben 0,0 km

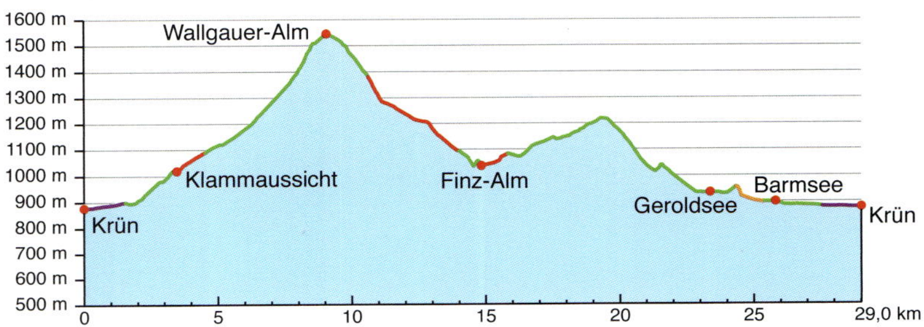

BEWERTUNG	MITTEL ▲
TECHNIK	▲▲▲△△△
KONDITION	▲▲▲△△△
FAHRSPASS	▲▲▲▲▲△
LANDSCHAFT	▲▲▲▲▲△

CHARAKTER Eine leichte bis mittelschwere Tour, geeignet für Mountainbike-Einsteiger (als Halbtages- oder Einfahrtour). Die Südhänge und Täler der Esterberge sind lieblich und schattenreich. Die tollen Moorseen laden bis Oktober zum Baden ein.
TOURSTART Am gebührenpflichtigen (4 Euro/Tag, mit Gästekarte frei) Wander- und Langlaufparkplatz an der Krottenkopfstraße in Krün (gegenüber Gasthof Post, Schild Maximilianhof in Krün folgen, bei Ortsausfahrt gleich rechts). Oder am Café Einkehr. Parkgebühr keine. Aber der Kuchen vom Wirt und dreimaligen Telemarkweltmeister Robby Brackenhofer lohnt sich.
HINWEIS Im Lauftext der Brückentour wird die Umkehr der Tour beschrieben und bietet sich somit als anspruchsvollere Variante bis zur Wallgauer-Alm an. Am kleinen Badestrand am Geroldsee kassiert die Bäuerin 1,50 Euro pro Person für den Eintritt.
EINKEHR Finz-Alm, Wallgauer-Alm, Café Einkehr. Tipp am Abend: Block's Post (ausgezeichnet für die Pflege der bayerischen Wirtshaustradition).

ROADBOOK

KM 0,0 Von Krün rollt man gemächlich Richtung Finzbachklamm. Im Wald zieht sich der Forstweg nicht allzu steil in Richtung Finz-Alm, Krüner-Alm und Wallgauer-Alm hoch.

3,50 Kurzer Abstecher zum Aussichtspunkt in die Finzbachklamm.

8,10 Beim zweiten, markanten Abzweig an der Wildbädermoos-Alm rechts zur Wallgauer-Alm, dann zurück und die kurze Gefällstrecke geradeaus Richtung Krüner-Alm fahren.

10,60 In der Senke kurz vor dem Wegende fährt man scharf links am Gatter vorbei in den Altgraben (Schild Finzbach-Alm, Krün). Immer wieder traversiert man an den Talhängen über Brücken die von links herabstürzenden Bäche. Da die Hangneigung relativ flach ist, kann man es richtig sausen lassen.

14,00 Am Hauptweg angekommen, zieht man scharf rechts in die Finzbachklamm Richtung Finz-Alm. Die Landschaft am Finzbach ist bezaubernd.

16,30 An der Finzbrücke wählt man den Abzweig nach Gerold.

18,50 Ab der Schweizer Alple rollt man flott bergab (Ausnahme: ein kurzer Gegenanstieg vor Gerold).

23,40 Den Geroldsee und den Barmsee passiert man am Nordufer (beste Bademöglichkeiten) und bewundert die spektakuläre Kulisse.

29,02 Parkplatz Krottenkopfstraße in Krün. Ende der Tour.

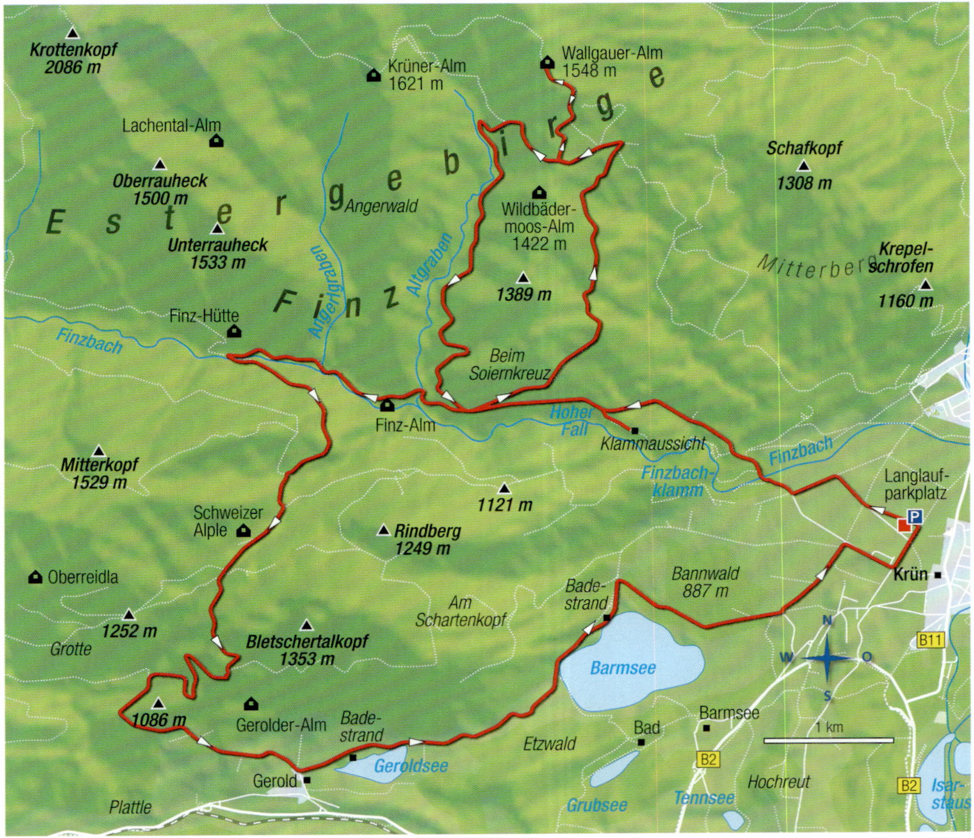

29 Gschwandtnerbauer über Finz-Alm 24,9 km 677 hm 2:29 h

Wenn sich der Schnee im Frühjahr auf den Forststraßen ähnlich hartnäckig hält wie die Speckpolster nach einem kalorienreichen Winter, bietet sich diese tiefer gelegene Runde am Fuße des Wanks an. Eine wundervolle Tour über die Finz-Alm zum Gschwandtnerbauern.

Die Bikes sind auf Hochglanz poliert, die Frühlingssonne brennt auf der Haut, die Wiesen im Tal sind saftig grün und die Vöglein zwitschern ein Motivationslied – das Biker-Herz klopft und sehnt sich nach der ersten Tour. Schon, um endlich die lästigen Winterkilos abzubauen. Berge, wir kommen! Halt, stopp! In den Alpen kennen Einheimische dieses Trugbild. Nicht weit vom vermeintlichen Frühlingserwachen herrscht noch tiefster Winter: Ende April, Anfang Mai kann auf über 1000 Meter Höhe noch eine dicke Schneeschicht auf den Forstwegen liegen. Das betrifft vor allem Wege, die von hohen Tannen oder Fichten umstellt sind oder sich über die Schattenseiten eines Berges schlängeln. Selbst im Hochsommer oder Herbst kann ein Tiefdruckgebiet ergiebigen Schnee produzieren. Der hält zwar nicht lang, aber zwei bis drei Tage kann er dann schon auf den Wegen liegenbleiben. Diese bittere Erfahrung haben wir mit Fotograf Michi Reusse gemacht, als wir im Spätsommer auf der Esterberg-Alm und der Weilheimer Hütte Fotos für diesen Guide schießen wollten. Es war ein strahlender Sonnentag, als wir mit GPS-Gerät und Kamera loszogen – und plötzlich auf gerade mal 1000 Meter Höhe in einem halben Meter Neuschnee stecken geblieben sind. So ein Mist! Am Ende war diese Tour über die Finz-Alm zum Gschwandtnerbauern unsere Rettung. Die Runde führt zwar nicht in hochalpine Höhen hinauf, ist aber landschaftlich nicht minder spektakulär. Die schönsten Fotos sind an diesem Tag entstanden – ein Beweis dafür, dass Höhenmeter kein Gradmesser für tolle Radtouren sind.

HÖHENPROFIL Asphalt 0,0 km – asphaltierter Radweg 5,5 km – Schotter 14,3 km – Waldweg 1,5 km – Trail 3,7 km – Schieben 0,0 km

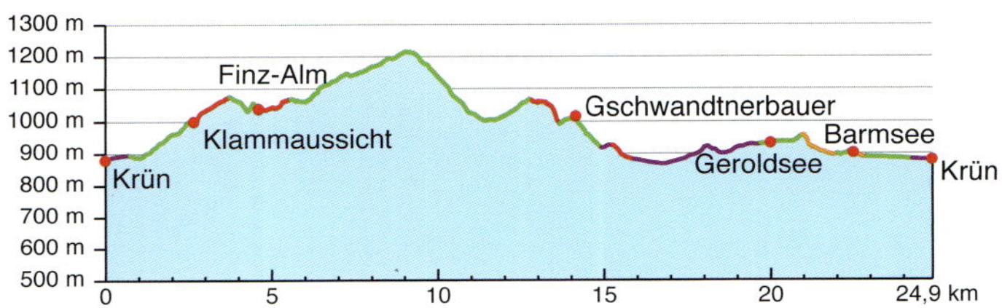

BEWERTUNG	LEICHT ▲
TECHNIK	▲▲▲△△△
KONDITION	▲▲△△△△
FAHRSPASS	▲▲▲▲△△
LANDSCHAFT	▲▲▲▲▲△

CHARAKTER Eine leichte Tour mit vielen landschaftlichen Highlights und tollen Bademöglichkeiten. Besonders geeignet für Mountainbike-Einsteiger und Familien. Hinweis: Kurz vor dem Gschwandtnerbauern kann man über einen anspruchsvolleren Singletrail abkürzen. Wem das nicht behagt, der kann bis zum Alpenhof problemlos auf dem etwas längeren bleiben.
TOURSTART Am Café Einkehr (Schild Maximilianhof in Krün folgen). Keine Parkgebühr. Alternativ am gebührenpflichtigen Wanderparkplatz an der Krottenkopfstraße in Krün (Anschluss zum Track 600 Meter geradeaus an der Kreuzung Otenwangerweg).
BADEN Am kleinen Badestrand am Geroldsee kassiert die Bäuerin 1,50 Euro pro Person für den Eintritt. Am Barmsee keine Eintrittsgebühren.
EINKEHR Finz-Alm (idyllisch gelegene, kleine Jausenstation), Gschwandtnerbauer (hausgemachte Kuchen, traditionelle und sehr gute Küche, Biergarten mit sensationellem Blick auf das Karwendelgebirge), Café Einkehr (tagsüber offen, gutes Essen und sensationeller Rundumblick).

ROADBOOK

KM 0,0 Vom Maximilianhof rollt man gemächlich in Richtung Finzbachklamm.
2,70 Nach etwa 1,5 Kilometern biegt man ab, um einen kleinen Abstecher zum Aussichtspunkt über die Finzbachklamm zu machen.
3,60 Im Wald zieht sich der Forstweg nicht allzu steil weiter bergauf zum ersten, markanten Abzweig. In der Rechtskehre wählt man den Forstweg geradeaus. Nach einer kurzen Gefällepassage überquert man den Bach im Altgraben (netter Wasserfall) und strampelt oder schiebt den kleinen Buckel hinauf. Von hier kann man fast auf das Dach der Finz-Alm spucken.
4,60 Von der Finz-Alm schlängelt sich der Pfad wunderschön am Finzbach entlang. Dann über Almwiesen bis zur Finzbrücke.
6,00 Die Finzbrücke überqueren und in südlicher Richtung über das Schweizer Alple in den Marktgraben fahren.
10,90 Nach Talabfahrt den Abzweig im Marktgraben Richtung Geschwandtnerbauer/Garmisch nehmen und dann links an der Wildfütterung vorbei.
12,80 In der Kurve nach der Wildfütterung rechts in den Trail in Richtung Geschwandtnerbauern (Variante: auf Forstweg bleiben und um den Unterreidla zum Alpenhof fahren), links halten.
13,80 Im Häuslegraben ganz kurz steil rechts hinauf und zum Geschwandtnerbauern.
14,90 Vom Alpenhof den steilen Forstweg am Ellergraben hinunter bis Höfle und scharf links abbiegen.
15,30 Nach Höfle biegt ein Wiesenweg rechts Richtung Kaltenbrunn zur Bundesstraße ab, dann den Radweg hinunter.
15,90 Von Kaltenbrunn den Radweg bis Gerold folgen.
19,50 In Gerold links zum Geroldsee und weiter über den Barmsee nach Krün zurück.

30 Wasserfall-Hochkopf-Tour 34,8 km 1.133 hm 3:29 h

Am Fuße des Simetsbergs fließt ein magisch anmutender Wasserfall. Darüber winden sich geheime Pfade durch den Wald, von denen nicht mal die meisten Jäger wissen. Doch wir waren mit einem Local unterwegs, der diese Pfade seit seiner Kindheit kennt.

Er hat einen außergewöhnlichen Drang nach Freiheit. Die lebt er mit seinem Zweirad in den Bergen seiner Heimat aus. Robby Brackenhofer war Telemarkweltmeister, kommt aus Wallgau und kennt die alten und neuen Steige und Forstwege besser als die ansässigen Förster und Jäger. Er selber ist eine Art Jäger der verlorenen Schätze – mit einem unendlichen Fundus an geheimen Wegen. Einen seiner Lieblings-Trails verrät er. Dieser führt an einem relativ großen, sehenswerten Wasserfall vorbei, der direkt aus dem Berg sprudelt.

Allein auf Tour habe ich nicht jeden empfohlenen Trail gefunden, so versteckt sind diese Pfade. Also nahm sich Robby ein Herz, schwang sich auf sein altes Mountainbike und führte mich in die Geheimnisse der Ester- und Isarberge ein. Vor allem die Isarberge sind mit ihren vielen Forstwegen und Jägersteigen verzwickt. „Hier fahren so wenige Biker, die Steige verwachsen bloß, wenn hier keiner mehr fährt", rechtfertigt er seinen Verrat. Wir sind dankbar für den Bruch eines ungeschriebenen Gesetzes. Übrigens geht der fantastische Reitsteig in Tour 6 und Tour 10 auch auf Robbys Kappe. Selbst ortskundige Waldarbeiter haben sich in den verwinkelten Waldabschnitten schon oft verirrt. Ob er sich hier selbst schon mal verfahren hat? Och ja, aber es sei nie wirklich schlimm gewesen. Sein Zweirad sei immer ein zuverlässiger Partner gewesen – und auch ausdauernder als er. Diese Waffe zeigte er uns später in seinem Holzschuppen: ein sportliches Motorrad (Trial-Bike) mit 200 Kubikzentimeter Hubraum und über zehn Pferdestärken.

HÖHENPROFIL Asphalt 2,9 km – asphaltierter Radweg 5,8 km – Schotter 15,2 km – Waldweg 4,4 km – Trail 6,4 km – Schieben 0,2 km

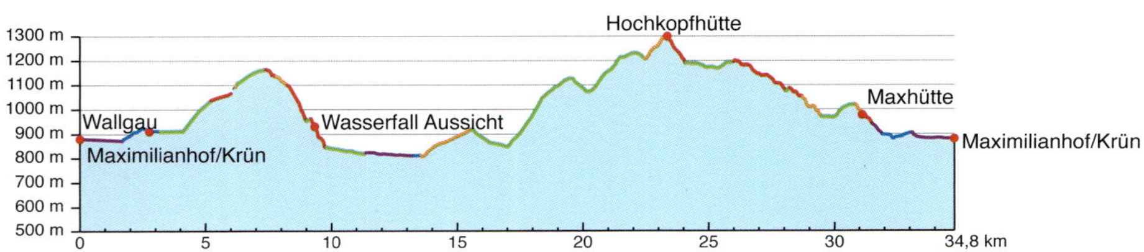

BEWERTUNG	MITTEL – SCHWER ▲▲
TECHNIK	▲▲▲▲▲△
KONDITION	▲▲▲▲▲△
FAHRSPASS	▲▲▲▲▲▲
LANDSCHAFT	▲▲▲▲△△

CHARAKTER Die Tour ist konditionell anspruchsvoll, aber nicht extrem schwer. Technisch gibt's jedoch ein paar knifflige Passagen, die ein sportlicher Mountainbiker aber durchaus meistern kann. Sonst sind die Trail-Passagen flüssig und unverblockt. Achtung: Die Abfahrt aus den Isarbergen über Hochmoore kann sehr schlammig werden.

TOURSTART Am Café Einkehr (Schild Maximilianhof in Krün folgen). Keine Parkgebühr. Oder am gebührenpflichtigen Wanderparkplatz an der Krottenkopfstraße in Krün (Anschluss zum Track 600 Meter geradeaus an der Kreuzung Otenwangerweg). Ferner bietet sich der Parkplatz Wallgau an, der an der Ortsausfahrt Richtung Walchensee liegt.

ZEITPLANER Wer diese Tour spät fährt, sollte eine Stirnlampe mitnehmen. Die Wege sind in den Isarbergen schlecht oder gar nicht beschildert. Ein verpatzter Abzweig kann ganz schön viel Zeit kosten.

EINKEHR Maxhütte (gut bürgerlich, liegt idyllisch oberhalb von Wallgau und ist die ideale Einkehr mit Abendsonne am Ende der Tour), Café Einkehr (tagsüber offen, gutes Essen und sensationeller Rundumblick).

ROADBOOK

KM 0,0 Vom Maximilianhof rollt man gemächlich auf dem Radweg nach Wallgau. Dort fährt man über die Sonnleiten zur B1/ Walchenseestraße.

3,20 Nach der Ortsausfahrt biegt man links in den ersten Schotterweg (Parkvariante) ab und folgt dem Wegweiser Wildsee, Krottenkopf, Simetsberg. Am nächsten, auffälligen Abzweig links halten und auf dem Hauptweg bleiben.

5,20 In der ersten starken Linkskurve geradeaus auf dem Schwarzenbachgraben-Trail fahren.

6,00 Am Hinteren Almgraben (kurze Schiebepassage) trifft der Steig auf einen Hauptweg, den man rechts hinauf Richtung Simetsberg folgt.

7,40 Nach etwa 1,2 Kilometern weist ein verwitterter, roter Punkt auf den alten Jägersteig rechts in Richtung Wasserfall hinab.

7,80 Der etwas verwachsene Trail trifft auf einen Karrenweg, dem man nach links folgt.

9,00 Dieser trifft wiederum auf einen gepflegteren Forstweg mit Wegweiser zum Wasserfall.

9,30 Der steile Trail am Wasserfall-Aussichtspunkt ist neu aufgeschüttet und führt zum Radweg an die B1/ Walchensee-straße.

13,30 In Einsiedln am Walchensee die B11 zurück in Richtung Wallgau fahren und knappe 50 Meter nach dem Mauthäuschen Walchensee-Südufer auf der B11 links in den alten Karrenweg steil hinaufstrampeln.

14,40 Kurz vor dem Taleinschnitt in die alte, verblockte Forststraße nach links einbiegen. Diese windet sich eher leicht ansteigend den Altlachberg hinauf und trifft auf die Haupt-Forststraße (Altlach-Hochkopf).

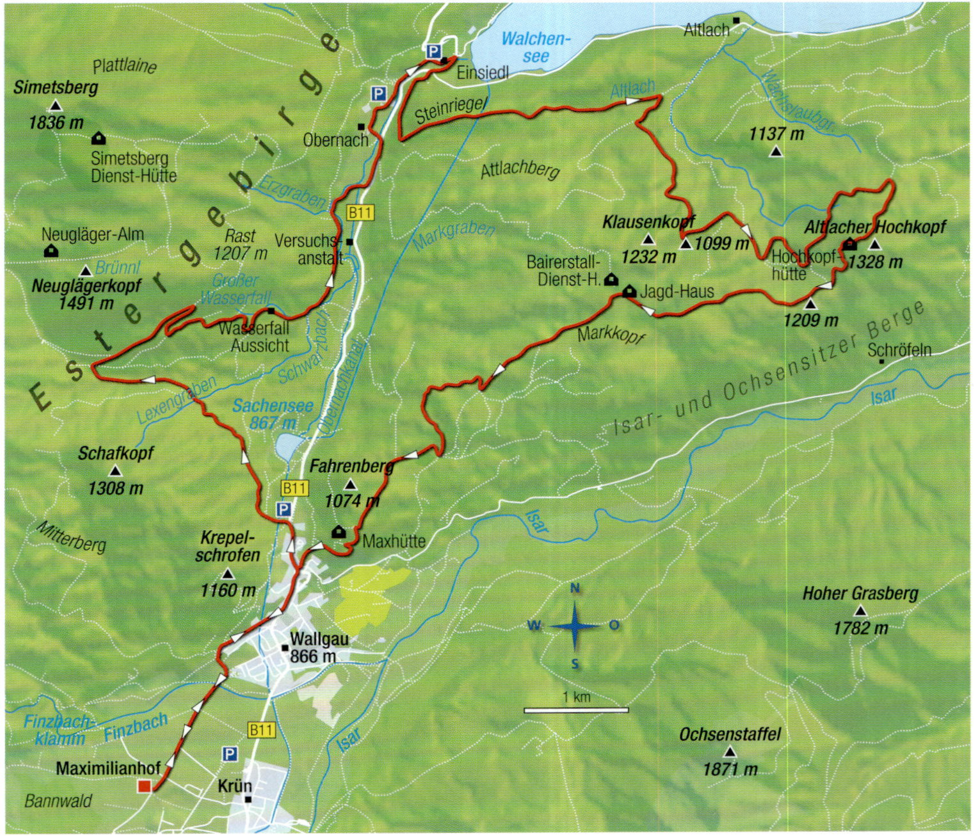

17,10 Vom Abzweig sportlich hinauf und immer links haltend Richtung Hochkopfhütte. Auf dem Forstweg bleiben und nach der zweiten, kurzen Gefällepassage scharf rechts auf einen steilen Karrenweg abbiegen und von der Ostseite zur Hochkopfhütte hinauf biken.
23,40 Direkt an der Hochkopfhütte führt der herrliche Singletrail rechts hinunter auf den Forstweg. Diesem am Kamm der Isarberge entlang in Richtung Maxhütte, Wallgau folgen.
25,90 Auf dem Forstweg unterhalb des Klausenkopfes rechts den Wanderweg nach Wallgau wählen. Der führt in das erste, lange Moos durch den Lainangraben. Der Trail endet steil und rutschig im steinigen Flussbett auf einer Forstwegkreuzung.
28,10 An der Kreuzung scharf rechts wieder relativ steil hinauf. Nach etwa 130 Metern gleich wieder auf einen alten Jägersteig nach links abbiegen. Dieser überquert einen verwitterten Karrenweg. Rechts halten, über eine Hochmoorwiese und dabei auf einen alten Steig zusteuern. Dieser fällt bis zum Filzmoos (Stiergraben) ab.
31,10 Von der Maxhütte den kleinen Steig hinter der Alm bis Wallgau fahren.
34,77 Parkplatz Maximilianhof. Ende der Tour.

Steve Chismar (46) ist vor 15 Jahren aus den USA in die Jachenau gezogen. Die Trails seiner neuen Heimat kennt er besser als die meisten Einheimischen. Nach diesem Guide kann sich daran etwas ändern …
Dominik Scherer (37) ist ein waschechter Oberbayer und hat den Großteil seines Lebens dem gefederten Drahtesel gewidmet. Er lebt in Benediktbeuern und guidet MTB-Touren über die Alpen – in diesem Buch verrät er seine Lieblingstouren.

Impressum

Die GPS-Daten für die Routen dieses Buches erhalten Sie über die Website des Mountainbikemagazins **BIKE**. Bitte gehen Sie auf **www.bike-magazin.de** und geben Sie dort in das Feld für die Suche den **Webcode #10247** ein. Der Download ist kostenlos, eine Registrierung jedoch erforderlich (für BIKE-Abonnenten bitte mit Angabe der Kunden-Nummer für weitere kostenlose Services).

WEITERE BÄNDE DIESER REIHE

BIKE Guide Dolomiten Bd. 1 / 30 Toptouren Südtirol zwischen Sexten und Rosengarten
BIKE Guide München / 30 Toptouren im S-Bahnbereich der bayerischen Biker-Hauptstadt
BIKE Guide Tegernsee / 30 Toptouren zwischen Bad Tölz und Bayrischzell

Bibliografische Information der Deutschen Nationalbibliothek
Die Deutsche Nationalbibliothek verzeichnet diese Publikation in der Deutschen Nationalbibliografie; detaillierte bibliografische Daten sind im Internet über http://dnb.d-nb.de abrufbar.

1. Auflage 2012
ISBN 978-3-7688-3461-2

Fotos: Michael Reusse, Andreas Beger, Markus Greber, Dominik Scherer, Steve Chismar, Franz Faltermaier, Wolfgang Watzke, Dimitri Lehner
Redaktion: Gitta Beimfohr
Lektorat: Klaus Bartelt, Niko Schmidt
Umschlaggestaltung und Layout: Dagmar Dörpholz
Karten: Infochart, München
Reproduktionen: scanlitho.teams, Bielefeld
Gesamtherstellung: Print Consult, München

Delius Klasing Verlag, Siekerwall 21, D-33602 Bielefeld
Telefon 0521/559-0, Fax: 0521/559-115, E-Mail info@delius-klasing.de, www.delius-klasing.de

ACHTUNG: Mountainbiken ist wie jeder Sport mit gewissen Risiken behaftet. Bitte behalten Sie jederzeit Ihre Kondition, Ihr Fahrkönnen und den technischen Zustand Ihres Sportgerätes im Auge! Im Gebirge ist zudem maximale Vorsicht im Hinblick auf Wetterwechsel angebracht. Aber auch die Natur selbst, in der unser Sport stattfindet, ist von vielen Seiten gefährdet – bitte achten Sie stets darauf, deren Belastung in Grenzen zu halten. Hinterlassen Sie so wenig Spuren wie möglich, und seien Sie um den Interessenausgleich mit Wanderern und Grundeigentümern bemüht.

STRECKENFÜHRUNG: Aus unterschiedlichen Gründen werden immer wieder Routen kurzfristig gesperrt. Bitte beachten Sie daher Streckensperrungen und -umleitungen! Eine Haftung für etwaige Schäden, die sich aus dem Befahren der vorgestellten Routen ergeben, können Verlag und Autoren nicht übernehmen.